本书得到鲁东大学科研基金项目和鲁东大学学科建设经费项目资助

中国技工
供给不足问题研究

Research on Supply Shortage of Skilled Workers of China

魏　国　著

中国社会科学出版社

图书在版编目（CIP）数据

中国技工供给不足问题研究/魏国著 . —北京：中国
社会科学出版社，2011. 10
ISBN 978 - 7 - 5161 - 0056 - 1

Ⅰ. ①中…　Ⅱ. ①魏…　Ⅲ. ①技术工人—劳动力资
源—资源短缺—研究—中国　Ⅳ. ①F249. 212. 1

中国版本图书馆 CIP 数据核字（2011）第 177767 号

策划编辑　卢小生（E - mail：georgelu@ vip. sina. com）
责任编辑　卢小生
责任校对　刘　娟
封面设计　杨　蕾
技术编辑　李　建

出版发行　中国社会科学出版社
社　　址　北京鼓楼西大街甲 158 号　　　　邮　编　100720
电　　话　010 - 84029450（邮购）
网　　址　http：//www. csspw. cn
经　　销　新华书店
印　　刷　北京新魏印刷厂　　　　　　　　装　订　广增装订厂
版　　次　2011 年 10 月第 1 版　　　　　　印　次　2011 年 10 月第 1 次印刷
开　　本　710×1000　1/16　　　　　　　插　页　2
印　　张　12. 5　　　　　　　　　　　　　印　数　1—6000 册
字　　数　212 千字
定　　价　28. 00 元

目　　录

第一章　导论

根据经济学内生增长理论，经济增长的最终决定因素是人力资本的投资、积累和技术进步。国民经济发展不同阶段对劳动者技能素质的要求是有差异的。中国正处于工业化中期的后半段，对高素质劳动力的需求越来越多，需要大量各方面的技能型人才。近年来，中国技工人才短缺的现象日益凸显，有人形象地称之为"技工荒"。技工的持续短缺对家庭教育、企业经营和经济社会发展产生了广泛而深远的影响，引起了学术界的密切关注，学者们从不同角度进行了富有价值的研究。本书拟在此基础上从技工供给不足的视角继续探讨这一问题。

第一节　研究背景和研究意义

从经济发展历史和各国工业化进程来看，工业化中期对技能型人才有巨大需求，许多国家将发展职业教育作为推进工业化的重要举措；至今仍有一些工业化国家把发展职业教育作为提高综合国力的重要途径。中国经济的现代化必然要经历工业化阶段。2007 年中国社会科学院发布的《中国工业化进程报告：1995—2005 年中国省域工业化水平评价与研究》指出，中国当前处于工业化中期的后半段，正向世界制造业大国迈进，各行各业需要高素质劳动者；而当前生产一线的技能型人才严重不足。据测算，到"十一五"期末，中国技能劳动者需求总量将增长 20%—25%，其中，高级以上技能劳动者所占比例预计增长 15—20 个百分点，特别是技师、高级技师的需求将翻一番[①]。

[①]　劳动和社会保障部课题组：《关于技术工人短缺的调研报告》，人力资源和社会保障部网站（www.molss.gov.cn），2004 年 9 月 8 日。

一　中国劳动力市场的总体特征①

2009 年中国人力资源市场信息监测中心对全国 115 个城市的公共就业服务机构市场供求信息进行了统计分析。这 115 个城市分布在全国各大区域，拥有人口 1.95 亿，占全国地级以上城市市区人口的 50.4%；拥有市区从业人员（含城镇个体劳动者）约 5684 万人，约占全国地级以上城市市区从业人员的 58%。

（一）全国劳动力市场的特征

2009 年全国 115 个城市公共就业服务机构市场供求状况主要表现出以下几方面特征：

（1）从全年总体情况看，劳动力的供求总量增长，岗位空缺与求职人数的比率为 0.91，比上年有所下降。

（2）从产业需求来看，以第三产业为主体的产业需求格局基本稳定；从趋势看，第三产业的用人需求比重呈下降趋势，第二产业的用人需求比重稳步上升。

（3）从用人单位需求来看，私营企业、有限责任公司、股份有限公司的用人需求占据主体地位；私营及个体企业用人需求比重趋于上升，国有和集体企业的用人需求比重逐年下降，外商及港澳台企业的用人需求波动中略有增长。

（4）在所有求职人员中，失业人员依然是求职主体；从趋势看，新成长失业青年的比重趋于上升，就业转失业人员的求职比重呈现下降，进城务工人员的求职比重不断上升。

（5）16—34 岁年龄组用人需求量大，45 岁以上求职人员就业依旧相对困难。高中文化程度的劳动力是市场中的求职主体；大专以上文化程度的岗位空缺与求职人数的比率近年来有下降趋势，就业压力加大。

（6）劳动力供需总量集中在初、中级技术等级；从供求对比看，各技术等级的求职者均供不应求，其中高级技能人才仍较为短缺，2007 年以来供求缺口有所减小。

（二）全国劳动力市场的行业特征

从行业需求看，70.5% 的单位用人需求集中在制造业、批发和零售

---

① 中国人力资源市场信息监测中心。

业、住宿和餐饮业、居民服务和其他服务业，以上四个行业的用人需求比重分别为32.5%、16.1%、12.1%和9.8%；此外，租赁和商务服务业、建筑业的用人需求也较大，其所占比重分别为6.2%和4.2%（见表1.1）。

表1.1　　　　　　　　　按行业分组的需求人数

行业	需求人数（人次）	所占比重（%）	与上年相比需求变化（百分点）
农、林、牧、渔业	469490	2.2	−0.4
采矿业	177738	0.8	−0.3
制造业	6809631	32.5	+2.1
电力、煤气及水的生产和供应业	275100	1.3	−0.2
建筑业	877820	4.2	−0.5
交通运输、仓储和邮政业	497966	2.4	−0.2
信息传输、计算机服务和软件业	586845	2.8	−0.2
批发和零售业	3379321	16.1	+0.4
住宿和餐饮业	2541619	12.1	−0.4
金融业	372346	1.8	+0.1
房地产业	522444	2.5	+0.2
租赁和商务服务业	1298192	6.2	−0.5
科学研究、技术服务和地质勘查业	163919	0.8	—
水利、环境和公共设施管理业	137816	0.7	−0.1
居民服务和其他服务业	2049671	9.8	+0.2
教育	165859	0.8	−0.1
卫生、社会保障和社会福利业	190273	0.9	—
文化、体育和娱乐业	311927	1.5	−0.1
公共管理与社会组织	99470	0.5	−0.1
国际组织	5854	0.0	—
合计	20933301	100.0	

与上年相比，制造业的需求比重上升了2.1个百分点，批发和零售业的需求比重上升了0.4个百分点，住宿和餐饮业的需求比重下降了0.4个

百分点，居民服务和其他服务业的需求比重上升了 0.2 个百分点。

（三）全国劳动力市场的用人单位特征

从用人单位看，企业用人需求占主体地位，所占比重达 96.4%，机关、事业单位的用人需求所占比重仅占 0.8%，其他单位用人需求比重为 2.8%。在企业用人需求中，内资企业用人需求占 75%，其中以私营企业、有限责任公司和股份有限公司的用人需求较大，其需求比重分别为 26.6%、24.3% 和 9.6%；港、澳、台商投资企业的用人需求比重为 6.5%；外商投资企业的用人需求比重为 8.2%；个体经营的用人需求比重为 10.3%；国有、集体企业的用人需求比重仅为 5.3%（见表 1.2）。

表 1.2　　　　　按用人单位性质分组的需求人数

单位性质	需求人数（人次）	所占比重（%）	与上年相比需求变化（百分点）
企业	20178880	96.4	−0.3
内资企业	15143741	75.0	+1.1
国有企业	592553	2.9	−0.6
集体企业	481644	2.4	−0.4
股份合作企业	679682	3.4	−0.7
联营企业	394733	2.0	−0.3
有限责任公司	4898781	24.3	+4.2
股份有限公司	1933150	9.6	−1.0
私营企业	5364170	26.6	−0.1
其他企业	799028	4.0	+0.2
港、澳、台商投资企业	1305303	6.5	−0.9
外商投资企业	1651637	8.2	−0.7
个体经营	2078199	10.3	+0.5
事业	119258	0.6	+0.1
机关	45290	0.2	—
其他	589873	2.8	+0.2
合计	20933301	100.0	—

（四）全国劳动力市场各类职业劳动力供求状况

从各类职业的需求状况看，2009 年商业和服务业人员、生产运输设备操作工是用人需求的主体，所占比重分别为 32.8% 和 35.6%，二者合计为 68.4%。从各类职业的求职情况看，求职人数相对集中的职业是商业和服务业人员及生产运输设备操作工，所占比重分别为 29.3% 和 30.9%，两者合计约占总求职人数的 60.2%。从供求状况对比来看，农林牧渔水利生产人员、生产运输设备操作工、商业和服务业人员、专业技术人员岗位空缺与求职人数的比率较高，分别为 1.04、1.01、0.98 和 0.83（见表 1.3）。

表 1.3　　　　　　　　按职业分组的供求人数

职业类别	劳动力供求人数比较							
	需求人数（人次）	需求比重（%）	与上年相比需求变化（百分点）	求职人数（人次）	求职比重（%）	与上年相比求职变化（百分点）	岗位空缺与求职人数的比率	与上年相比供求变化（百分点）
单位负责人	506558	2.4	-0.1	672617	2.9	-0.4	0.73	+0.03
专业技术人员	2482713	11.9	-0.8	2897944	12.6	+0.7	0.83	-0.14
办事人员和有关人员	2234385	10.7	—	3267796	14.3	+0.8	0.67	-0.06
商业和服务业人员	6863552	32.8	-0.4	6728549	29.3	+0.2	0.98	-0.05
农林牧渔水利生产人员	376135	1.8	-0.2	347381	1.5	-0.6	1.04	+0.16
生产运输设备操作工	7448576	35.6	+2.3	7094798	30.9	+1.1	1.01	—
其他	1021382	4.9	-0.6	1099077	4.8	-1.4	0.90	+0.09
无要求	—	—	—	822494	3.6	-0.5	—	—
合计	20933301	100.0	—	22930656	100.0	—	—	—

（五）全国劳动力市场对文化程度的要求

从用人单位的要求看，87%的用人单位对求职者文化程度有要求。要求高中文化程度的用人需求比重为38.3%；对初中及以下文化程度的需求比重为26.8%；对大专以上文化程度求职者的需求比重为21.8%。从求职者的文化程度来看，高中文化程度的求职者占42.3%；初中及以下文化程度的求职者占28%；大专以上学历的求职者占29.6%。求职人员文化结构和用人单位的需求结构基本一致。从供求状况对比看，除职高、技校、中专文化程度的劳动者以外，其余各文化层次的劳动者均处于求职人数大于需求人数的状态（见表1.4）。

表1.4　　　　　　　　　　按文化程度分组的供求人数

文化程度	劳动力供求人数比较						
	需求人数（人次）	需求比重（%）	与上年相比需求变化（百分点）	求职人数（人次）	求职比重（%）	与上年相比求职变化（百分点）	岗位空缺与求职人数的比率	与上年相比供求变化（百分点）
初中及以下	5619502	26.8	-0.4	6429085	28.0	-1.5	0.87	+0.01
高中	8019619	38.3	-0.9	9707972	42.3	-1.0	0.83	-0.01
职高、技校、中专	4535839	56.6	-1.7	5400761	55.6	-2.1	0.84	+0.01
大专	3085889	14.7	-0.6	4456014	19.4	+0.8	0.69	-0.08
大学	1424848	6.8	+0.2	2248907	9.8	+1.6	0.63	-0.12
硕士以上	53369	0.3	—	88678	0.4	+0.1	0.60	-0.23
无要求	2730074	13.0	+1.6	—	—	—	—	—
合计	20933301	100.0	—	22930656	100.0	—	—	—

（六）全国劳动力市场对技术等级或职称的要求

从用人单位的要求看，对技术等级有明确要求的约占总需求人数的50.5%，主要集中在初级工、中级工和技术员、工程师，其所占比重合计为43.5%。从求职人员的技术等级构成来看，47.1%的求职者都具有某种技术等级的职业资格，主要集中在初级工、中级工和技术员、工程师，其所占比重合计为 42.1%。求职人员的技术等级构成基本与用人单位对求职者技术等级的要求相匹配。从供求状况对比看，各技术等级均处于需求人数大于求职人数的状况，岗位空缺与求职人数的比率相对较高的是高级工程师、高级技师和技师，其岗位空缺与求职人数的比率分别为 1.44、1.41 和 1.39（见表 1.5）。从各年度情况看，高级技师和技师的岗位空缺与求职人数的比率，2001—2007 年度呈现持续上升态势，2008 年以来趋于下降，但仍处于高位，高技能人才依然供不应求（见表 1.6）。

表 1.5　　　　　　　　　　按技术等级分组的供求人数

技术等级	劳动力供求人数比较							
	需求人数（人次）	需求比重（%）	与上年相比需求变化（百分点）	求职人数（人次）	求职比重（%）	与上年相比求职变化（百分点）	岗位空缺与求职人数的比率	与上年相比供求变化（百分点）
初级工	4021149	19.2	+0.1	4352861	19.0	-0.3	0.92	—
中级工	1933518	9.2	-0.8	2055427	9.0	-1.0	0.94	—
高级工	715456	3.4	-0.3	640746	2.8	-0.1	1.12	-0.11
技师	387341	1.9	-0.2	279535	1.2	-0.1	1.39	-0.17
高级技师	155782	0.7	-0.2	110276	0.5	-0.1	1.41	-0.07
技术员	2197664	10.5	-0.3	2267548	9.9	+0.2	0.97	-0.09
工程师	953068	4.6	-0.2	961770	4.2	+0.1	0.99	-0.13
高级工程师	198762	0.9	-0.3	137596	0.6	-0.1	1.44	-0.15
无技术等级或职称	—	—	—	12124897	52.9	+1.4	—	—
无要求	10370561	49.5	+2.1	—	—	—	—	—
合计	20933301	100.0	—	22930656	100.0	—	—	—

表 1.6　　　　　　2004—2007 年城市劳动力市场各级技工求人倍率

时间		初级工	中级工	高级工	技师	高级技师
2004 年	第一季度	1.41	1.45	1.59	1.72	1.63
	第二季度	1.48	1.50	1.81	2.12	2.39
	第三季度	1.50	1.54	1.68	1.84	2.59
	第四季度	1.45	1.44	1.70	1.78	1.83
2005 年	第一季度	1.55	1.56	2.02	2.68	2.34
	第二季度	1.45	1.48	1.98	1.95	1.98
	第三季度	1.56	1.61	2.06	1.70	1.88
	第四季度	1.53	1.66	2.34	1.53	2.25
2006 年	第一季度	1.45	1.60	1.83	2.21	1.93
	第二季度	1.37	1.54	1.71	1.59	1.96
	第三季度	1.34	1.52	1.70	2.06	1.91
	第四季度	1.34	1.55	1.81	2.20	2.38
2007 年	第一季度	1.40	1.56	1.80	2.20	3.36
	第二季度	1.43	1.50	1.62	2.31	2.29
	第三季度	1.42	1.49	1.71	2.38	2.47
	第四季度	1.42	1.44	1.60	2.36	2.36

资料来源：根据中国劳动力市场信息网监测中心数据整理而成；表中数据代表求供比。

二　技工短缺的现状

中国劳动者素质偏低和技能型人才紧缺问题十分突出，技工短缺在全国范围内普遍存在。目前中国 2.7 亿城镇从业人员中，获得国家职业资格证书以及具有相当水平的技能劳动者有 8720 万人，只占从业人员的 33%，而且多数是初级工，包括高级技师、技师、高级技工在内的高技能人才有 1860 万人，只占技能劳动者的 21%。其中，技师和高级技师分别只有 60 万人和 300 万人，技师和高级技师仅占 4%[①]。从制造业较发达的沿海地区看，技工短缺已成为制约产业升级的瓶颈。中国是制造业大国，工业增加值居世界第四位，但还不是制造业强国，中国制造业的生产技术

---

① 人力资源和社会保障部网站和中国政务信息网。

和管理水平与发达国家还有较大差距，主要问题是产业结构不合理、技术创新能力不强、产品以低端为主、附加值低、资源消耗大、安全生产事故多，这些都与从业人员技术素质偏低、高技能人才匮乏有密切关系。

从以上分析我们清晰地看到，近几年来，中国劳动力市场的情况是总体上供大于求而高素质、高技能人才短缺。表 1.6 显示，2004—2007 年中国劳动力市场上技术工人各技术等级①的求人倍率②均大于 1；各级技工的求人倍率的平均值为：初级技工 1.44，中级技工 1.53，高级技工 1.81，技师 2.04，高级技师 2.22；最小值为初级技工的 1.34，最大值为高级技师的 3.36。这些数据充分说明了中国劳动力市场上的技工需求一直大于技工供给，即技工长期处于短缺状态；而且高级技工、技师和高级技师比初级技工和中级技工更加短缺，即处于绝对短缺状态。更值得我们关注的是，2004—2007 年除了初级技工和中级技工的求人倍率变化不大以外，高级技工、技师和高级技师的求人倍率逐季增大，这说明高素质技术人才短缺的现象有逐渐加剧的趋势。

三　技工短缺及其危害

舒尔茨使用人力资本概念，分析了第二次世界大战后发达国家的经济增长，尤其是日本与联邦德国的经济复兴中出现的用传统资本理论无法解释的三个事实：一是根据传统经济理论，资本收入比率将随经济的增长而提高，但统计资料却表明这个是比率下降的。舒尔茨认为，这是因为没有将人力资本因素考虑在内。二是根据传统经济理论，国民收入的增长与资源消耗的增长将会同步提高，但统计资料显示的结果却表明，国民收入远远大于投入的土地、物质资本和劳动等资源的总量。舒尔茨认为，投入与产出的增速之差，一部分是由于规模收益，另一部分是由于人力资本带来的技术进步。三是第二次世界大战后工人工资大幅增长，它反映的内容是传统经济理论无法解释的。舒尔茨指出，这个增长正是来自人力资本的投资。舒尔茨的研究证明了人力资本在经济增长中所起的决定性作用。

---

①　按我国现行职业资格管理制度规定，技术工种职业资格认定分为初级工、中级工、高级工、技师和高级技师五等。

②　求人倍率＝需求人数/求职人数，表明劳动力市场中每个岗位需求所对应的求职人数，即求供比。

　　由于在用传统经济学方法估算劳动和资本对国民收入增长所起的作用时，会产生未被认识的、难以用劳动和资本的投入来解释的"残值"，丹尼森对此做出了令人信服的解释。他最著名的研究成果是通过精细计算，论证了正规教育因素对经济增长的作用。丹尼森认为，由于教育年限的增加，劳动者对生产作出了较大贡献，从而个人收入也会提高。他根据不同教育程度劳动者收入情况的统计资料，假定收入差别中纯粹由于教育年限不同而引起的占一定比例，并以某一教育年限劳动者的收入为基数，计算出各级教育年限的收入指数，然后再根据计算期就业人员受教育的情况，计算出由于平均教育年限的变化而引起的国民收入变化量，由此来算出美国1929—1957年由教育因素引起的年均国民收入增长率为0.67%。丹尼森指出，在经济增长因素中，知识进步是非常重要的因素，他的研究得出了由知识进步带来的国民收入增长率为0.58%，即由知识进步和教育年限增长对国民收入增长率的贡献高达1.25%，占国民收入增长率的42.7%。

　　中国是人力资源大国，但不是人力资本强国。技工是人力资本的一个重要组成部分。在人力资本的投资方面，政府片面追求普通教育的发展，忽视了职业教育和企业在职培训，导致了中国人力资本结构处于失衡状态，技工短缺就是目前中国人力资本结构失衡的重要表现形式。一个国家或地区，在人力资本数量和质量既定的情况下，其人力资本的结构对经济发展具有巨大影响。素质优良、结构均衡的人力资本对经济发展具有促进作用，而结构失衡的人力资本既浪费物质资源和人力资本，又会阻碍经济发展。技工短缺的危害主要表现在以下两个方面。

　　（一）宏观方面的危害

　　人力资本结构失衡会阻碍产业结构优化升级，减缓工业化进程，造成教育资源的巨大浪费，引起劳动力市场的进一步失衡。技工短缺，尤其是中高级技工短缺已造成了非常严重的后果。因为工人技术素质的缺陷，中国产品每年损失已达2000亿元[①]。

　　首先，技工的极端缺乏，已成为企业提高产品质量和企业竞争力的严重制约因素，削弱了中国产品在国际市场的竞争力。技工短缺严重阻碍了

---

　　①　转引自张凤林《人力资本理论及其应用研究》，商务印书馆2006年版。

中国制造业的发展，中国制造的机械产品只有5%达到当代国际水平，企业产品平均合格率只有70%，在近年来发生的生产事故中，很大比例与岗位技能有关。中国虽已成为国际制造业基地，但由于缺乏相应研究创新人才和高素质劳动力，目前仍处于组装、装配阶段，尚未成为以研发为支持的制造业基地。高新技术引进多而消化少，更新少；包括高新技术在内的产品多处于"三来一补"型的低级阶段，附加值低，出口效益不高。

其次，由于包括技工在内的人力资本积累不够，中国产业劳动生产率相当低。以机电工业为例，中国机械工业的劳动生产率只有美国的1/12，日本的1/11；电子工业的劳动生产率只有美国的1/l8，日本的1/13。联合国工业发展组织《工业发展报告：2002—2003》的数据表明，1985—1998年在工业绩效驱动力排行榜中，中国技能指数仅排在62位。

再次，技能型人力资本的匮乏阻碍了中国经济增长方式的转变。一国经济持续增长的根本动力是充足的人力资本存量。因缺乏足够的人力资本积累，中国近几年的高经济增长率只能依靠投入大量劳动力和物质资源，以牺牲环境作为代价，这种粗放型经济增长方式最终要受资源制约而难以为继。要实现经济的集约型增长，前提是增加对包括技工在内的人才培养，提高中国的人力资本积累量。

最后，技工短缺将会加重就业的结构性矛盾。基于人口因素的劳动力在中国几乎呈无限供给态势，劳动力市场出现了供给严重大于需求的局面，就业形势严峻。与此同时，由于劳动者素质不能完全适应经济发展要求，造成了结构性失业，在一些新兴产业、行业，由于找不到合适人员，大量岗位空缺，即使第二产业的一些传统职业岗位，也存在大量企业招不到技工的情况。技能型人才的短缺深化了就业市场的结构性矛盾，使就业形势更为严峻。

（二）微观方面的危害

人力资本结构失衡对企业和家庭等微观主体产生了严重负面影响，技工短缺和大学生就业难并存的现状给众多企业和家庭造成了巨大损失。人力资本结构失衡使企业不能从劳动力市场上及时招聘到需要的技术工人，从而出现"十个博士好找，一个技工难求"的市场怪象；技工短缺会严重影响企业的产品质量，影响企业的技术改造和技术升级，最终影响企业的核心竞争力。

人力资本结构失衡的根本原因是人力资本投资结构的不合理造成的。中国教育筛选功能的过度强化，使家庭或个人的教育投资决策形成了强的普通教育投资偏好，和弱的职业教育投资偏好，导致了目前大学生就业难和技工短缺并存的困境。由于教育投资的周期长、风险大、预期收益的不确定性，以及教育投资特有的机会成本和沉没成本，人力资本结构失衡给众多家庭和个人的教育投资行为造成了巨大经济损失。技工短缺的事实表明了中国职业教育发展的严重滞后，不能适应经济发展的需要和家庭对高质量职业教育的需求。

四 政府为解决技工短缺问题所采取的措施

针对技工持续短缺及其引发的经济社会问题，近年来中央政府及相关部门采取了一系列政策措施试图缓解技工短缺问题。

第一，人力资源和社会保障部为应对"技工荒"所采取的措施。2002年推出了"机电高级技工培训项目"，在全国30个重点城市、10个重点行业组织和企业集团中对重点领域（数控机床操作人员、模具量具制造人员、特种焊接人员、机电一体化维修人员、机械加工和装配生产线岗位、多技能复合型技工）的急需人才进行培训。2004年为缓解中国青年高技能人才短缺状况，与团中央等部门联合实施"青工技能振兴计划"。2007年制定的《高技能人才培养体系建设"十一五"规划纲要（2006—2010年）》提出，要构建和完善以企业行业为主体，职业院校为基础，校企合作为纽带，政府推动与社会支持相结合的社会化、开放式的高技能人才培养体系。推动行业企业建立和完善现代企业职工培训制度；改革培养模式，建立校企合作高技能人才培养制度；充分调动劳动者个人积极性，走技能成才之路。整合社会优质资源，建立高技能人才培养基地；加快建设一批高标准、专业化、开放式、公益性公共实训基地。中央财政和各级财政拿出补贴资金专门用于公共实训基地建设和高技能人才培训补贴等方面；企业要保证职工教育经费的1.5%—2.5%用在高技能人才培养上。

第二，2003年12月的《中共中央、国务院关于进一步加强人才工作的决定》首次明确提出，工人队伍中的高技能人才，是推动技术创新和实现科技成果转化不可或缺的重要力量，并将高技能人才培养纳入国家人才强国战略总体部署；提出实施国家高技能人才培训工程和技能振兴行动，通过学校教育培养、企业岗位培训、个人自学等方式，加快高技能人才的培养。为落实该决定，2003年12月人保部下发《三年五十万新技师培养计划》通知，决定在全面实施国家高技能人才培训工程的基础上，2004—2006年在全国开展"三年五十万新技师培养计划"。

第三，为适应全面建设小康社会对高素质劳动者和技能型人才的迫切要求，2005年10月国务院发布《关于大力发展职业教育的决定》。该《决定》指出，从总体上看，职业教育仍然是中国教育事业的薄弱环节，发展不平衡，投入不足，办学条件比较差，办学机制以及人才培养的规模、结构、质量还不能适应经济社会发展的需要。

第四，中央政府采取九大措施培养高技能人才。2006年6月中办、国办下发的《关于进一步加强高技能人才工作的意见》，提出了高技能人才培养工作的指导思想、目标任务和工作措施。这九条政策措施主要包括高技能人才的技能培养、考核评价、岗位使用、竞赛选拔、技术交流、表彰激励、合理流动、社会保障、财政投入。预计到"十一五"期末，中国高级技工水平以上的高技能人才，将占技能劳动者总数的25%以上，其中技师、高级技师达到5%以上，并带动中、初级技能劳动者队伍的梯次发展；到2020年，力争使中国高、中、初级技能劳动者的比例达到中等发达国家水平，形成与经济社会和谐发展的格局。

政府所采取的上述政策措施，从目前劳动力市场的情况来看，其预期效果并不理想，对于解决技工短缺问题可谓微不足道，形势依然如故。由此，我们可以判断政府的政策设计并没有从微观上找到技工短缺的真正解决之道。中国技工短缺问题的解决任重道远，不可能毕其功于一役。

五 本书的研究意义

技工短缺是当前中国人力资本结构失衡的重要表现。中国技工短缺问题研究既具有理论价值，更具有现实意义。

（一）该研究具有重大理论价值

现有文献对技工短缺的研究，绝大多数的研究模式为：问题—原因—对策，只有部分文献用人力资本理论、产权经济学等进行经济学分析。这些分析具有一定价值，但缺乏理论深度，也不够系统全面，因此已有研究不具有透彻的解释力，不能揭示技工短缺持续存在的深层次原因。从理论上讲，对技能型人力资本投资及其激励机制的研究，对于补充、完善与发展人力资本理论、教育经济学理论、激励理论以及企业治理理论都具有重要的理论意义。本书将试图用教育经济学、劳动经济学、博弈论和信息经济学、制度经济学等现代经济理论和方法对家庭、企业和政府等经济行为主体进行深入研究，从而对技工短缺这一经济现象做出一些理论探索，得到一些有益的结论。

(二) 该研究具有重要现实意义

如前所述，正处于工业化中期的中国经济，对技工的需求量会越来越大，如果技工短缺问题不能得到较好解决，会对产业结构升级、工业化进程产生很大负面影响。因此，运用经济学理论深入分析技工短缺的原因，采取积极的应对策略，促进中国劳动力市场的健康运行，对中国经济可持续发展有重要现实意义。该研究的现实意义具体表现为：第一，较为清晰地解释了中国职业教育的发展滞后问题，为职业教育的改革和健康发展提供理论依据。第二，从理论上较为透彻地分析了技工短缺问题中两个关键微观主体的投资行为，即家庭教育投资的普教倾向和企业在职培训投资的激励缺失，为政府根治技工短缺问题奠定微观理论基础。第三，探讨了职业教育产品的属性，论证了职业教育的市场失灵和政府对职业教育的投资责任，并剖析了地方政府缺乏职业教育投资激励的体制根源，为改革职业教育的管理体制提供了思路。第四，考察了劳动力市场不完善对技工短缺问题的影响，主要是劳动力市场分割的影响，为政府构建统一的劳动力市场指出了方向。

第二节　研究范围与核心概念

一　研究范围

技工短缺是劳动力市场失衡的一种具体表现，劳动力市场涉及劳动力供给和需求两个方面。因此，研究技工短缺问题需要从技工的供给和需求两个方面进行。鉴于笔者研究能力的局限和本书研究角度的需要，本书将研究的范围界定在技工供给角度，主要包括职业教育发展、家庭职业教育投资、政府职业教育投资、企业在职培训投资和劳动力市场等五个方面，如图1.1所示。

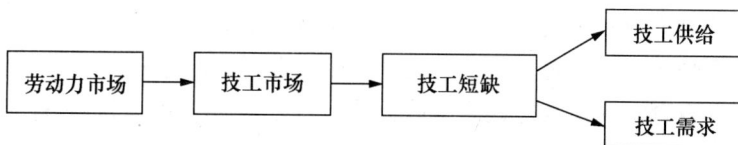

图1.1　本书的研究范围

二　核心概念界定

（一）有关技工的概念

技工即技术工人，是在产业领域中具有一定的专业知识，掌握一定的工艺和技术，能够独立使用工具、设备进行操作或生产加工的熟练或比较熟练的工人。技工的优势是能够把科学技术同具体的实践结合起来，能够把潜在生产力（科学技术）转化为现实生产力。任何知识创新成果如果没有技工的参与，就只能停留在图纸和样品阶段。

职业资格证书制度：职业资格证书是劳动就业制度的一项重要内容，也是一种特殊形式的国家考试制度。它是指按照国家制定的职业标准或任职资格条件，通过政府认定的考核鉴定机构，对劳动者的技能水平或职业资格进行客观公正、科学规范的评价和鉴定，对合格者授予相应的国家职业资格证书。国家职业资格分为五个等级：国家职业资格一级（高级技师）、国家职业资格二级（技师）、国家职业资格三级（高级工）、国家职业资格四级（中级工）、国家职业资格五级（初级工）。

技工短缺（或称"技工荒"）：是近十年来中国经济高速发展与产业结构优化升级对技术工人的需求大大增加，而技术工人的培养却远远不能满足这一需求的一种劳动力市场失衡现象。技工短缺的特征主要有：总体数量不足；等级比例严重失调；文化水平偏低；断层现象严重；年龄结构不合理，大龄化趋势凸显。

（二）技能型人力资本、技能型人力资本投资主体

技能型人力资本：人力资本可划分为一般人力资本、技能型人力资本、管理型人力资本和企业家型人力资本四种类型。随着以知识为基础的新兴产业的迅速崛起，技能型人力资本对经济发展具有重要的意义。技能型人力资本是指具有某项特殊技能的人力资本，其社会分工角色是专业技术人员。

技能型人力资本投资主体：在计划经济体制下，政府集人力资本的投资者、管理者、办学者于一身，无论基础教育还是高等教育，义务教育还是非义务教育，一律实行政府财政预算拨款办学（或培训），技能型人力资本投资主体具有显著的一元化特征，政府是唯一或主要的技能型人力资本投资主体。20 世纪 70 年代以来，人力资本投资引起了各国政府和企业的关注，人力资本投资主体呈多元化趋势，由政府、企业和家庭（或个人）三方构成。

（三）职业教育、技工类职业教育、企业在职培训、技工教育

《国际教育辞典》指出，职业教育是指在学校内或学校外为提高职业熟练程度而进行的全部活动，它包括学徒培训、校内指导、课程培训、现场培训和全员再培训；当今则包括职业定向、特殊技能培训和就业安置等内容。

中国的职业教育包括职业学校教育和职业培训[①]。职业学校教育有：从纵向看，它包括初、中、高三个层次。其中，初等职业教育有职业初中、初中后的 3 + 1 等；中等职业教育有中专、技校、职业高中及成人中专；高等职业教育有职业大学、职业技术学院、高等技术专科学校、成人高校、高级技工学校以及普通高等学校中设置的二级学院—职业技术学院。从横向看，它包括农业职业教育、工业职业教育、商业职业教育、金融财贸职业教育、政法职业教育、服务职业教育，以及卫生、艺术、体育等方面的职业教育。职业培训包括就业培训、转业培训、提高培训等。本书的职业教育特指中等职业学校教育和高等职业学校教育。

技工类职业教育：本书的技工类职业教育特指以培养各级技工为办学目标的中等职业学校教育和高等职业学校教育。

企业在职培训：是企业人力资本投资的一种基本形式，它涉及培训经费的分担和员工培训后收益的分配等问题。在职培训分为通用性和专用性在职培训，不同的培训方式对员工和企业的投资负担和利益增长的影响不同。企业的在职培训决策一般建立在对在职培训成本收益分析的基础上，基本目标是实现培训支出与未来收益的平衡，并尽可能做到未来收益大于培训支出。

---

① 《中华人民共和国职业教育法》，第十二条。

技工教育：本书将技工类职业教育和企业在职培训统称为技工教育。技工类职业教育、企业在职培训、技工教育是本书最核心的概念。

第三节　本书的研究思路和结构安排

一　基本思路和框架

宏观经济学是在既定经济体制下研究经济运行的规律，而微观经济学则是分析经济体制本身的由来，分析制度演进的原因和路径。因此，对于制度演化的研究，必须运用"显微镜方法"。本书试图从微观角度，分析技工短缺这一经济现象背后隐藏的人们的行为动机、决策理念，探寻这些理念和动机的微观结构，推导出新的理念，以更新经济主体的思维方式和行为方式。面对中国技工短缺这一奇特经济现象，要得到富有解释力的研究结果，需要在借鉴现代西方经济学理论和方法上的基础上做出一些理论探索。

本书拟从技工供给方面来探讨技工短缺的原因。在中国，技工的供给主要有职业学校教育和企业在职培训两个渠道。

根据现代经济学理论，市场上需求增加时，价格上升，供给随之增加，市场趋向均衡。但是，中国劳动力市场上技工供给一直处于短缺状态，现有文献没能对此进行令人满意的解释。我们将技工市场视为劳动力市场的一个子系统，中国的技工市场是一个非常特殊的市场，它的发展和均衡受到诸多因素的影响。本书认为，从经济因素而言，中国技工供给一直处于短缺状态的主要原因是：家庭教育投资对普通教育的偏好导致家庭或个人对职业教育投资的不足，进而导致职业院校的生源数量不足、质量不高；由于教育管理体制的原因，中国职业教育一直处于国民教育体系的最弱势地位，是中国教育中的最薄弱环节，这主要体现在政府对职业教育的投入不足导致职业教育的发展严重滞后，不能满足经济社会发展对职业教育的需求；中国企业未能成为技能性人力资本的培养主体，这种只使用、不培养或只招聘、不培训的状况更使技工短缺雪上加霜；中国劳动力市场不完善，劳动力市场的分割与劳动力市场没能形成良好的技能人才定价、激励和流动机制也是技工短缺的原因之一。

因此，本书的研究思路为：从职业教育发展、家庭教育投资、政府职业教育投资、企业在职培训投资、劳动力市场五个方面分析技工短缺的原因，并在此基础上得出本书的结论。本书主体部分的研究路线图见图1.2。

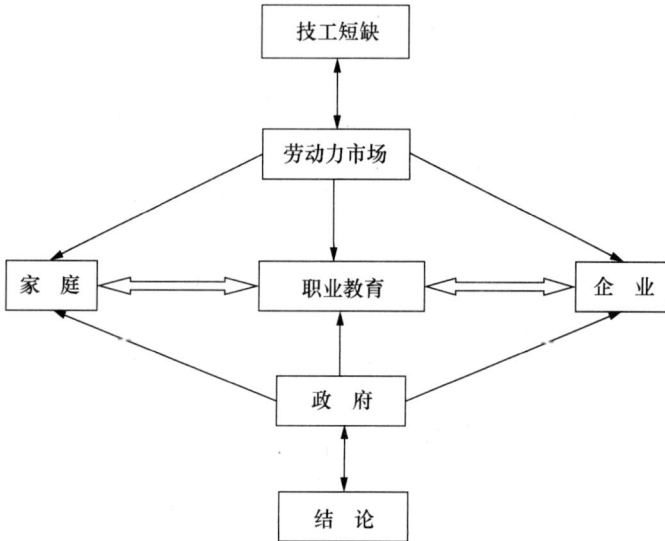

```
                ┌──────────┐
                │  技工短缺  │
                └────┬─────┘
                     │
                ┌────┴─────┐
                │ 劳动力市场 │
                └────┬─────┘
          ┌──────────┼──────────┐
    ┌─────┴───┐ ┌────┴─────┐ ┌──┴──────┐
    │  家 庭   │◄┤  职业教育  ├►│  企 业   │
    └─────┬───┘ └────┬─────┘ └──┬──────┘
          └──────────┼──────────┘
                ┌────┴─────┐
                │  政 府   │
                └────┬─────┘
                     │
                ┌────┴─────┐
                │  结 论   │
                └──────────┘
```

图1.2 本书的研究思路

二 主要内容与结构安排

根据上述研究思路，除第一章提出问题和第二章文献综述之外，其余各章所讨论的问题和主要内容概述如下：

第一，本书第三章探析中国职业教育发展滞后的深层次原因。在对中国职业教育发展的历史进行简要回顾的基础上，提出了中国职业教育发展的特征性事实；本章主要关注的是职业教育发展滞后的原因，用制度经济学和信息经济学理论来探讨这一问题，试图解开中国的"职教之谜"。

第二，第四章讨论了家庭职业教育投资行为，这是本书最重要的一个问题。通过构建家庭教育投资决策的理论模型来分析家庭教育投资行为；用教育信号竞争模型来研究家庭教育投资的偏好；利用实地调研数据对家庭职业教育投资进行计量分析。从理论和经验两个方面更加透彻地考察了中国家庭教育投资决策的偏好，从而解释家庭为何普教投资过度而职教投资不足。

第三，为何企业宁可高薪"挖人"，也不愿自己培训技工，第五章研究企业在职培训投资不足与技工短缺的关系，来解释这一问题。在扼要介绍中国企业对在职培训投资的现状后，用信息经济学理论解释企业为什么对一般性在职培训不感兴趣；运用博弈论和信息经济学分析企业为什么对特殊性在职培训投资不足，这里主要涉及培训费用的分担和收益的分配问题；接着研究企业在职培训后的敲竹杠问题及其治理，并用东航集体返航事件进行案例分析。

第四，对于技工短缺的持续存在，是经济行为主体非理性还是市场失灵？如果市场不能纠错，那么对于破解技工短缺问题政府应该做什么？本书第六章对政府的职业教育投资进行了研究。在分析技工类职业教育产品属性的基础上，明确政府发展职业教育的责任；从政府教育投资能力的角度分析职业教育发展中的政府缺位；并用委托代理理论考察了地方政府对职业教育投资不足的体制原因，从而解释了技工持续短缺原因中的政府因素。

第五，本书第七章从劳动力市场角度探析技工短缺持续存在的原因。在对劳动力市场与技工短缺的关系进行简要分析之后，考察了中国劳动力市场失衡的主要问题：劳动力市场分割；接着具体探讨中国劳动力市场分割现状对技工短缺问题的影响。

最后，第八章对本书的研究内容进行全文总结。

第二章　文献回顾与理论概述

经过对相关文献和理论的梳理，我们认为值得关注的文献领域主要有四个，即技工短缺问题的研究现状、教育信号发送理论、专用性人力资本理论，以及劳动力市场分割理论。

第一节　技工供给不足问题的研究现状

关于技工供给不足问题的研究，已有的文献主要是从以下两个方面展开的。

一　人力资本投资研究

技工是人力资本的重要组成部分，技工短缺主要是由于投资不足造成的。关于技工短缺问题的人力资本投资研究，主要包括人力资本投资激励研究、人力资本投资产权研究、人力资本投资风险研究等。

（一）人力资本投资激励研究

骆品亮、司春林（2001）研究了委托人如何激励代理人对专用性人力资本进行投资。代理人对人力资本投资的激励来自对未来报酬和职业发展的考虑。但当投资是代理人的隐藏行动，而产出是委托人的私有信息时，由于出现双边败德行为，基于产出的报酬契约不能诱导代理人对专用性人力资本投资。职位提升机制能在一定程度上激励代理人的投资，但当委托人不提升从效率角度而言该被提升的代理人时，仍不能走出双边败德困境。当产出低时解聘代理人的解聘机制能消除委托方的机会主义行为，当人力资本专用性较大，或投资的边际成本较小时，能诱导帕累托（Pareto）有效的投资。

罗永泰（2005）通过对中国技能人才发展现状的剖析和技能人才激

励因素的系统分析，构建了基于技能人才偏好的激励机制并提出了强化激励机制促进中国高技能人才快速成长的对策。张风林（2004）从专用性人力资本投资的角度来分析技工短缺问题，构建了中国企业人力资本投资的激励机制。

豆建民（2003）在区分了人力资本的潜在价值与实际价值的基础上，把分享企业剩余理解为企业对人力资本实际价值的间接定价机制。人力资本所有者对企业剩余的分享比例取决于人力资本的自身属性和社会制度环境。在现实企业中，不同属性的人力资本对企业剩余具有不同的分享方式和分享机制。有限合伙制基金中，管理型人力资本20%左右的剩余索取权通过合伙契约方式被明确规定下来。高新技术企业创立时，技术型人力资本被直接纳入企业股本中，以实际股份享有相应剩余索取权。股票期权制和期股制中，经营者的管理型人力资本以期权和期股形式被间接地延迟股份化。在大多数雇员持股计划中，雇员通过公司捐赠方式免费获得公司股票，使作业型人力资本或多或少地参与了企业剩余分享。

（二）人力资本投资产权研究

靳希斌（2006）认为，随着知识经济的来临，人力资本与知识资本的关系越来越密切，必须研究知识经济中的人力资本；人力资本在企业中的运用，使得人力资本资本化，即人力资本股权化。由于人力资本的资本化运作，人力资本产权问题显得十分重要，包括人力资本产权的定义、特征、功能等。

叶旺（2006）指出，工人劳动力产权完整与否是决定技术工人供给规模的主要因素之一。在现代市场经济条件下，完整的劳动力产权由生存权、基本发展权、剩余收益分享权和对劳动力的控制权等权利构成。目前，中国工人劳动力产权残缺，表现为社会保障制度不健全，基本生产权受到限制；在职培训缺乏，基本发展权没有保障；收益相对较低，剩余收益分享权被忽略；参与企业管理、劳资谈判协商的机制不健全，对劳动力的控制权没有得到很好的落实。工人劳动力产权的残缺使劳动者对人力资本投资的收益大打折扣，进而导致投资不足，引发技工短缺。由此认为，解决技工短缺的根本出路在于健全工人劳动力产权制度。

（三）人力资本投资风险研究

王明进和岳昌君（2007）基于国家统计局城调队1991、1994、2000、

2004 年中国城镇住户调查数据，采用计量分析方法，对中国城镇居民个人教育投资风险进行了实证研究。结果表明：第一，增加受教育的时间其实是减少了一个人获取其教育投资收益的风险；第二，近些年来教育对减少教育投资风险的能力正在逐年增强；第三，东部地区的教育投资风险高于其他地区。

吴炯（2002）首先描述了人力资本定价中的逆向选择问题产生的原因及其结果。其次，通过引入人才市场、独立董事和剩余索取权分享，研究了不完全信息重复博弈、信号传递博弈和信息甄别博弈三种解决人力资本定价的逆向选择问题的方法。

二　技工短缺的教育经济学研究

部分学者用教育经济学理论考察了技工短缺现象。赖德胜（1998）认为，教育对收入分配有重要影响，而且这种影响随社会的发展日益明显。20 世纪 50 年代以来，各国政府都自觉地把发展教育看做改善收入分配的重要措施。笔者利用中国社会科学院经济研究所收入分配与改革课题组的资料对中国城镇 1995 年的私人教育收益率进行估算，并对中国私人教育收益率的形成给出一个解释。

孙士海、宋华明（2008）从分析职业教育的社会需求与个人需求入手，借助经济模型，分析了职业教育的供求关系，指出了中国职业教育存在供求失衡的问题。由于职业教育功能被长期弱化，致使技工供给不足，从而出现技工短缺问题。

由建勋（2007）认为，社会需要"金字塔"型的人才构成体系，社会经济发展需要大批高素质的实用型人才。近几年职业教育发展滞后，劳动力就业技能缺失的矛盾日益突出，技工短缺现象愈演愈烈，严重制约了企业技术进步和产业结构升级。要破解技工短缺难题，当务之急是端正对职业教育重要性的认识，树立科学家和能工巧匠都是人才的全新人才观，在全社会形成有利于职业教育发展的良好氛围。

李磊（2007）通过技工短缺与就业难并存现象对中国职业教育发展进行反思；对影响与制约中国职业教育发展的深层原因进行探究；概括与分析了中国职业教育发展的现状及问题，并对中国职业教育的改革与创新提出了思路与对策。

钱忠好（2008）在对农村教育投资与农村剩余劳动力转移关系进行

理论分析的基础上，利用江苏省的数据、运用格兰杰模型检验江苏省农村教育投资与农村剩余劳动力转移之间的因果关系，并运用 Logit 模型分析江苏省农村教育投资结构对农村剩余劳动力转移的影响。研究结果表明，江苏省农村教育投资增长与农村剩余劳动力转移之间存在着互为因果的关系。但是，农村教育投资结构不尽合理，导致江苏省农村剩余劳动力的转移并没有随着农村教育投资的增加而增长。江苏省的经验表明，要促进中国农村剩余劳动力的转移，不仅要加大教育投资力度，而且要调整和优化农村教育投资结构。

胡永远（2001）运用人力资本投资均衡理论，集中研究了人力资本动态投资过程中的自动收敛特征，提供了一种分析人力资本动态投资行为的公理化方法。作者旨在对这一理论做一概览，并认为该理论有助于解释中国目前所推行的教育政策。

肖化移（2006）认为，职业教育的发展主要是在市场和政府的相互调节下运行的。然而，完全的市场调节或者完全的政府调节都不利于职业教育的健康发展。完全市场调节下的职业教育会出现市场失灵现象，因而，政府的宏观调节就显得格外重要。政府调节主要包括宏观协调、规划指导、政策调整和监督保障等方面。

李雪松（2004）根据 2000 年中国的微观数据，运用现代微观计量经济学的分析方法，在考虑异质性和选择偏差的基础上，估计了 20 世纪末中国的教育回报率。研究结果表明，与受教育水平相关的收益在人们中间存在显著异质性；在当今中国劳动力市场上存在一种重要的实证现象，即人们根据比较优势原理对教育水平进行选择。普通最小二乘法以及工具变量法都难以对这种选择做出合理的估计，其分析框架弥补了上述两种方法的缺陷。2000 年中国 6 个省区城镇青年大学教育的平均回报率为 43%（年均近 11%）。中国在经历 30 年的市场经济改革后，较之 20 世纪 80 年代及 90 年代初期，教育的平均回报有了显著提高，中国的教育和劳动力市场已经开始发挥重要作用。

李实、丁赛（2003）利用抽样调查数据对 1990—1999 年中国城镇的个人教育收益率的动态变化进行了经验估计，从中发现个人教育收益率是逐年上升且递增的。通过估计教育对个人收入增长的直接效应，揭示了教育对收入增长的影响作用在很大程度上是通过就业途径的选择来实现的。

西方资本主义国家在工业化过程中，也曾遇到过与中国相似的情景，但它们解决得很及时，也很成功。例如，德国的职业教育为世人所称道，其职业教育被认为是德国经济腾飞的秘密武器。

库克（L. P. Cooke, 2003）的研究认为，德国的学徒制度被公认为是年轻人不为获得学位而是为就业计划的典范。然而，传统的高度分层的教育体系已经发生了变化，越来越多的学生既选择普通教育，也获得职业证书。作者用德国的社会经济面板数据，分析了基于学校质量和培训路径的1984 年和 1994 年两组非大学生的初始工资水平。对于来自高度分层教育体制的老的一组，来自最低层学校的毕业生预示着更低的初始工资水平，而职业证书几乎没有作用。对于来自优质学校的年轻人，职业教育并不意味着更高工资。与此相反，对于年轻的一组，由于普通教育已经越来越盛行，正规职业证书对来自高质量和低质量学校的学生来说，都是获得高工资的一个主要指示器。1984 年这一组在进入劳动力市场的 5 年、10 年和13 年后的收入几乎不相上下。学徒制度预示着在最后阶段工资有较大变化。专用性职业培训的报酬在初始的高工资方面是很显著的，但是会随着时间而很快减弱。这个初始报酬和淘汰模型支持连续的职业证书，这意味着赞成终身学习。

赫塞尔·奥斯特贝克和迪南德·韦宾克（Hessel Osterbeek and Dinand Webbink, 2007）在文中论及，1975 前毕业于初级职业学校的将近一半的荷兰学生完成了 3 年的培训计划，而另一半完成了 4 年的培训计划。1975年，所有 3 年的培训计划全部延长为 4 年。与这一计划相伴而行的是义务教育的年限缩短了 1 年。他们利用差异中的差分方法，估计了初级职业教育增加的这一年的长期工资效应。控制组是毕业于初级职业教育项目而学制不变的学生。作者发现这一变化没有利益效应。该结果意味着国家这一政策的目标组从延长的一年的职业教育中所得到的收益与从多一年的工作经验中所得到的收益相同。

Ludger Wößmann（2008），评论了来自欧洲的关于教育和培训政策如何设计以促进效率和公平的经验证据。论文就从学前教育、职业教育、高等教育到培训和终身教育的每个教育阶段的效率和公平的特殊政策进行了讨论。从能得到的证据中可以得出这样的启示：通过每个阶段恰当设计的产出导向的改革，效率和公平都能得到促进；在改革的所有阶段，国家一般要建立一套规则框架以确保责任和资金，并利用选择和竞争的力量来达到最优结果。如此设计的教育和培训制度能同时促进效率与公平。

约翰·H. 毕晓普和费伦梅尼（John H. Bishop and Ferran Mane，2004）估计了一个为高中学生提供接受职业教育机会在竞争和收入方面的效应。国际截面数据的分析发现，中学阶段接受职业教育的学生占较大比例的国家具有更高的入学率和更强的竞争力。12 年的水平数据发现，那些用大约 1/6 时间在高中接受专业性职业课程的学生毕业后至少能多得12% 的收入和七年后多得 8% 的收入（假定态度、能力、家庭背景和大学入学率不变）。

Graziella Bertocchi 和 Michael Spagat （2004） 研究了建立在不同层次的职业教育与普通教育的教育体系的演化，在这一教育体系中职业教育在社会上只发挥次要作用。最好的动态总结是接受职业教育的人数与接受普通教育人数的比率，这可以为解释社会分层提供一个手段。他们论述这一比率随着社会的发展水平先升后降，呈现一个倒 U 形形状，这反映了政治和经济力量之间复杂的相互作用，包括总的收入增长、财富不平等和政治参与。

Shoshana Neuman 和 Adrian Ziderman （2003） 的论文阐述到，有大量文献比较接受职业教育的工人与接受普通教育的工人的工资水平。总体来说，职业教育没有带来高工资。但是，在一些劳动力市场以就业增长、技能短缺和职业技能与可得工作匹配良好的国家，具有职业学校的教育记录是很有积极作用的。以色列就是一个案例。然而，很少有人关注在劳动力的不同层面去检验职业教育能成功提高工资这一判断，特别是少数民族和弱势群体。在论文中，作者检验了职业教育在提高人们工资水平方面的效能，共包括四组：新移民、犹太人、以色列的阿拉伯人和女性。

乔纳森·米尔（Jonathan Meer，2007）在论文中指出，高中阶段的职业教育一直被责难为是一个时代的错误，对学生来说是个死胡同。作者用1988 年国家教育普查的数据来检验接受职业教育的学生比接受更多的严格普通教育的学生收益更大这一结论。显然，选择偏差会使得试图使高中后的普通教育效应更明朗的企图更加困惑。利用一个能解释这一偏差的计量模型，作者发现了在教育路径上的比较利益方面的证据。

此外，Godius Kahyarara、Francis 和 Teal （2008） 研究了什么因素能

解释在发展水平很低、工作薪酬很少的非洲，人们对普通教育具有持续的强烈偏好，和哪种教育投资更有利可图。他们认为，这些问题的答案应该与收入函数的现状和厂商的作用相联系。高的普通教育水平比职业教育和较低的普通教育水平收入更高。但是，在更低的水平上，职业教育的收入超过了普通教育的收入。

从上述文献综述可知，国内相关文献的研究不能很好地解释中国劳动力市场上技工持续短缺的问题。国外文献对西方国家职业教育和培训的理论和实证研究对解决中国职业教育发展落后所导致的技工短缺问题具有借鉴意义。需要注意的是，中国技工短缺问题的形成具有特殊的原因，只有对影响技工短缺的各个因素及其作用机理进行更全面、更系统、更深刻的剖析，才能得出更为准确的理论判断，为彻底解决技工短缺问题提供理论支撑。

第二节　本书的相关理论概述

一　教育信号发送理论概述

斯彭斯（Spence，1973，1974）创立了信号发送理论，着重分析了教育作为信号对劳动力市场信息不对称及其均衡产生的影响。信号发送是指劳动力市场上有信息的一方，通过某种信号向没有信息的一方传递信息或使其改变信念。斯彭斯从信号发送角度阐释了教育的信息性作用，引发了学术界对教育功能的研究和讨论。

斯彭斯认为，劳动力市场上存在着关于雇员特质的信息不对称，雇员是知情者，雇主是不知情者，雇主在雇用雇员之前不能准确地判断其生产力水平。雇主通过两个来源判断雇员的生产力：一是过去的市场经验；二是可以观察到的潜在有用信息，如教育水平、工作经历、个人特质等。斯彭斯着重分析了教育作为信号的各种情形。他在20世纪70年代的模型中，他认为获得教育的成本与其生产力负相关是产生分离均衡的关键假设或必要条件，被称为斯彭斯—米尔利斯（Spence - Mirrlees）条件。因为不同生产力个体的最优教育水平不同，所以，可以将教育水平作为信号。2002年斯彭斯将其理论做了改进，修正了教育可以提高生产力时分离均衡的假设条件：信号的净收益与对生产力的总效应成正比；并得出了一些重要结论，尤其是将教育收益分解为信号发送效应和人力资本效应。在信息完全的市场，不存在信号发送效应，净收益最大化，但教育仍然具有信息性作用。如若存在信号发送作用，教育的社会收益与私人收益经常是不相等的。当私人收益大于社会收益时，私人收益大于对生产力的直接贡献，信号发送效应为正，也就是教育的私人收益高于信息完全的市场，会出现教育的过度投资。当私人收益小于社会收益时，信号发送效应为负，负的信号发送效应使教育的私人收益下降，就会出现教育投资不足。

斯彭斯模型提出之后，许多学者对其提出了批判和修正；也有一些学者从经验验证层面出发，针对信号发送假设与人力资本理论关于教育和收入之间的争议，进行实证研究，验证教育是否具有信号发送作用及其需要的条件。

因此，在解释教育与收入的正相关关系时，经济学家提供了两种理论，即人力资本理论和信号发送理论。人力资本理论认为，教育通过直接增加个体的生产力而增加工资。信号发送理论认为，教育与不能直接观察的特性或生产力存在某种相关性，教育作为特性的信号或生产力差异的过滤器。在估计教育的数量上，这两个理论存在很大区别。人力资本理论认为，经济会从教育的存量上大量受益，因为人力资本意味着经济增长。纯粹的信号发送理论认为，教育的存量增长不会增加生产力，更多资源被投入经济中寻租，没有任何收益。同时，信号发送理论和人力资本理论对教育的私人收益与社会收益的解释方式不同。人力资本理论认为，教育的外溢作用使教育的社会收益大于私人收益；而信号发送理论认为，教育的纯信号发送作用是没有生产力的，个体将追逐更多的教育作为信号，教育会过度投资，这时私人收益超过社会收益。另外，斯蒂格利茨（1975）指出，信号发送的间接效应是改进工人与工作之间的匹配，这时社会收益会超过私人收益。因此，验证教育在多大程度上提高生产力、多大程度上作为纯粹信号，对于确定社会最优的教育数量和制定教育政策具有重要意义（Chatterji，Seaman and Larry，2003）。

技工供给不足问题与中国职业教育的发展滞后具有密切的关系，而中国职业教育发展的滞后不能满足家庭对高质量职业教育的需求，这就会直接影响家庭教育投资的倾向，其结果就是家庭对普通教育的强烈偏好，这又进一步影响职业教育生源的数量和质量，从而使得职业教育陷入"低水平陷阱"。这样，在职业教育与普通教育的信号竞争中，普通教育是"赢家"。因此，教育信号发送理论对中国家庭教育投资行为具有较好的解释力。

二　专用性人力资本理论

专业的高度分化与综合使企业人力资本的专用性程度越来越高，专用性人力资本因具有稀缺、高价值、无法复制且难以替代等特征，成为企业核心竞争力的源泉，在财富创造与分配中的地位不断增强，在企业治理中的作用越来越大。拉简和津盖尔斯（Rajan and Zingales）认为，企业的本质就是各种人力资本专用性投资的关系网络，人力资本专用性投资的强度和密度将成为一个组织效率的关键[①]。

（一）专用性人力资本理论概述

专用性人力资本是与通用性人力资本相对应的概念，是指仅对特定企业和岗位有价值、离开特定企业和岗位就没有或基本没有价值的人力资本。贝克尔是第一位把人力资本区分为通用性和专用性人力资本，并强调专用性人力资本在企业发展中起决定作用的经济学家。威廉姆森在研究纵向一体化问题时，系统阐述了资产专用性理论。资产的专用性（Asset Specificity）是指"在不牺牲其生产价值的前提下，某项资产能够被重新配置于其他替代用途或是被替代使用者重新调配使用的程度。这与沉淀成本的概念有关"[②]。他把资产专用性划分为地理区位的专用性、物质资产的专用性、人力资本的专用性、特定用途的专用性等类型；指出人力资本的专用性来自企业中的"干中学"；系统分析了资产专用性和治理结构的选择问题，并指出一项交易无论交易频率高低，只要不涉及资产专用性，都将以标准的市场治理结构完成。涉及资产专用性时不论交易频率是偶然还是经常，交易都可用统一治理来完成。克莱因（1978，1980）认为，任何一个交易者在做出专用性投资后，都会导致专用性准租的出现和争夺

①　Rajan, R., Zingales, L., Power in a Theory of the Firm [J]. *Q. J. of Economics*, 1998, 112 (2)：387 - 432.

②　威廉姆森：《资本主义经济制度——论企业签约与市场签约》，段毅才、王伟译，商务印书馆 2002 年版，第 51 页。

准租金的机会主义行为，最终会促进资产一体化或长期契约的形成。

（二）简要评论

资产专用性是一个与沉淀成本相关的概念，强调在契约不完全的背景下所产生的"锁定"（Lock – in）效应，一旦关系专用性投资做出，在一定程度上就锁定了当事人之间的关系，容易导致"要挟"的机会主义发生。

资产专用性理论有其局限性：一是多数学者研究的重点是物质资本专用性，强调专用性物质资本所有者在企业中的地位与作用，得出的结论是物质资产的所有者为了免于遭受人力资本所有者的机会主义侵害，应该拥有企业剩余索取权和剩余控制权；但没有重点研究人力资本专用性，以及未能给予专用性人力资本所有者在企业中的作用以足够重视，尤其是当物质资本与人力资本的所有者都做了专用性投资之后，企业治理的选择和所有权安排仍未形成共识。二是资产专用性理论的学者注重从企业战略层面探讨企业治理结构和所有权安排问题，而对于如何利用具体制度和机制调动资产所有者尤其是人力资本所有者进行专用性投资，则研究不够。

专用性人力资本是企业核心竞争力的源泉，专用性人力资本投资是企业基业常青的秘籍所在。但令人难以理解的是，企业对员工的专用性在职培训投资不足？运用专用性人力资本理论和信息经济学理论来探讨企业的专用性人力资本投资不足问题，可以得出有意义的结论，更透彻地理解技工供给不足问题。

三　劳动力市场分割理论

劳动力市场分割影响技工价值的实现，从而进一步影响技工对专用性人力资本的继续投资，因此，分析劳动力市场分割的现状及其形成原因是完善劳动力市场、激励市场主体进行专用性人力资本投资的理论基础。

（一）劳动力市场分割理论概述

劳动力市场分割理论作为新制度经济学的重要代表，是在与新古典学派的争论中产生和发展起来的。现代劳动力市场分割理论（SLM）产生于20 世纪60 年代末70 年代初。该理论认为，传统理论无法解释劳动力市场的许多现实如贫穷、歧视，与人力资本理论相背的收入分配等，未能注意妨碍工人选择的制度与社会因素，研究重点应该放在决定劳动力市场职业结构的性质与制度因素的作用。该理论具有两个主要特点：一是劳动力市场不再被视为一个连续的统一体而被分割为几个不同市场，各个市场有不同的特点，具有自己分配劳动和决定工资的特点和方式。二是各个劳动力市场之间是相对封闭的，造成这种封闭的原因是集团势力的联合和制度因素的约束。市场分割理论自产生起就受到主流经济学者的批判，他们认为其理论模式主要是描述性的，而非解释性的，其目的是对整个劳动力市场进行部门分类而不是加以分析，对新古典理论的批判能力远远强于理论本身的完整性和逻辑性。因此，劳动力市场分割理论在一段时间里被主流经济学摒弃。

1. 二元分割理论对劳动力市场的一般描述

现代劳动力市场分割理论多种多样，其分析过程具有很大差异。其中，由多琳格和皮奥里（P. Doringer and M. Piore，1971）提出的二元劳动力市场理论是分割理论的代表。二元分割理论将劳动力市场分为一级市场与二级市场。两个市场不是按照特定的产业或职业，而是按照雇用和报酬支付的特征来划分的。一级市场的工资待遇高，工作条件好，就业稳定，有许多晋升和培训机会；与此相对照，二级市场的工资福利低，工作条件差，劳动力流动高。这两种劳动力市场的结构及决定工资和劳动分配的机制有明显不同。一级市场以结构性内部劳动力市场为主体，是一个完全存在于某一企业内部的有高度组织的正式劳动力市场，通常有一套指导雇用抉择的详细规则和程序，这些规则与程序代替了劳动力市场供给和需求的作用，市场力量基本不发挥作用。该市场的工作优先考虑现有组织内部成员，甚至只向现有组织内部成员开放。一级劳动力市场的工资结构安排主要根据组织内部需要来制定，与外部劳动力市场的供求状况没有多大关系，解决供求失衡的措施主要有招聘、培训、工作的重新设计、分包、调整产出量等。二级市场与新古典经济学描述的劳动力市场一致，企业按照劳动的边际生产力与边际成本的比较及时增减劳动雇用量，并按照劳动的边际生产力支付报酬。二元劳动力市场理论不仅区分了劳动力市场的两个不同部分，而且指出了一级市场与二级市场之间的劳动力流动受到严格控制，且流动性很低。

2. 劳动力市场分割的原因研究

新古典劳动力市场理论认为，二级市场工人的劳动报酬之所以低下，是因为他们的素质和生产率较低，而低能力低报酬正是竞争性劳动力市场的特征。二元劳动力市场理论则强调需求方和制度性因素的重要影响。该理论承认一级市场上劳动力素质要普遍高于二级市场，但关键问题是各个工作之间的工资差别大大高于劳动力之间的素质差别。很多二级市场的工人不能进入一级市场，并不是因为他们缺乏必需的生产能力，而是因为一级市场的雇主和工人拒绝接纳他们，对他们采取歧视态度。因此，分割理论认为，尽管劳动力的供给方的确可以发挥一定作用，但就其影响程度而言，远不及劳动力的需求方，也不及社会制度因素在解释此类现象时的说服力。该理论认为，一级市场的内部劳动力市场运行并不是根据利润最大化原则，而是制度规则代替了市场竞争；工会在一级市场发挥了积极作用，工会的作用不仅在于提高工资和限制就业，它在提高工人劳动生产率方面也发挥了正向的反馈作用。不同的市场具有不同的报酬和激励机制，因此，素质相似的工人获得不同的收入；二级市场的工会给工人带来负向的反馈作用。

（二）劳动力市场分割理论的拓展

一些新古典经济学家在 20 世纪 70 年代就对二元劳动力市场分割理论提出了质疑。他们认为，对一个复杂、异质的劳动力市场而言，仅仅用二元劳动力市场进行划分过于简单。对此，分割理论学派自己也承认二元式划分方法太简单，皮奥里就把二元模式扩大为四元模式。最主要的是传统分割理论把劳动力市场的分割主要归因于制度因素的影响，但没有提出明确的理论分析框架。20 世纪 80 年代以来，主流经济学家开始运用新的范式和工具研究劳动力市场分割问题，拓展和丰富了劳动力市场分割理论的内容，与本书有关的内容主要有两个方面。

1. 内部人—外部人模型对劳动力流动障碍的分析

内部人—外部人模型最早是由林德贝克和斯诺尔（Linderbeck and Snower, 1986）提出来的。该模型的前提之一是把已在企业就业的工人称为内部人，把劳动力市场上的失业者称为外部人。内部人在工资决定上有重要的讨价还价能力，因此对企业来说，替换已经就业的内部人和雇用外部人需要花费昂贵的替代成本；前提之二是工会代表已就业的内部人与雇主进行谈判和签订合同时，不考虑外部人利益，只代表内部人的利益要求。在这两个前提下，企业要雇用外部人来替代内部人起码存在三个方面的成本：第一，企业解除合同需要支付内部人补偿工资，在外部人当中寻找合适的替代者需要支付搜寻成本与考核成本，由于内部人在"干中学"中已经积累了一定专业技能，因此企业要使外部人和内部人一样有效率，还必须支付大量的培训成本。第二，企业解雇内部人和外部人的进入决策会引起内部人的强烈不满，内部人会团结起来采取一些联合行动以降低外部人的劳动效率，迫使企业对外部人支付的工资远远低于内部人的工资和福利水平，这不仅损害外部人的利益，而且会导致内、外部人两种不同的劳动效率。第三，由于企业会形成对内部人可能产生敌视态度及其后果的预期，因此，企业如果想提高效率和降低成本而需雇用外部人时，就不得不对外部人提供不同于内部人的工资。

总之，由于内部人利用已经就业的优势，与外部人不处于同等的竞争地位，因此，他们就可以与企业讨价还价，最后使那些愿意接受比内部人更低工资水平的外部人不能被企业雇用。

2. 劳动力市场分割与自愿失业的关系

传统二元分割理论认为，一级市场的运行更多地受制度因素的影响，比如工会力量、劳动保障制度、最低工资立法等；而二级市场的劳动者几乎不受制度保护，该市场一般通过工资较大幅度的波动来调节劳动力市场的供求。传统分割理论认为，高技能劳动者不能由二级市场流向一级市场的原因是企业认为二级市场工人平均技能较低，所以不从二级市场雇用工人。

现代分割理论认为，高技能劳动者一旦在一级市场失业，宁愿保持失业状态在一级市场等待就业，只有那些低技能劳动者才会到二级市场就业。由于一级市场需要提供专门培训，而只有对高技能工人培训才是有利的，而企业在对工人进行培训后才知道他们的劳动生产率，为此，企业在雇用工人前都要对他们进行测试，以期望工人能力这一个人信息尽量公开化。企业有理由相信，宁愿留在一级市场失业而不去二级市场就业的是生产率较高的劳动者，而选择去二级市场就业的则劳动生产率普遍较低。因此，在二级市场就业就被视为低生产率的信号。这一机制可以解释高技能劳动者的自愿失业与岗位并存的现象。

从上述分析看出，该类型的失业既具有自愿性质，又具有非自愿性质。就其在一级市场的就业失败来说，失业是一种非自愿失业；就其在二级市场的就业来说，由于不愿意接受二级市场的低工资和较差的劳动条件，其失业又是自愿的。

（三）简要评论

劳动力市场分割理论认为，现实中各种因素（如市场性因素、制度性因素）导致劳动力市场并不符合新古典经济学意义上的完全竞争的劳动力市场，并运用该理论解释报酬差异、劳动力流动困难、失业等许多经济现象，大大提高了对现实的解释能力。但劳动力市场分割的原因十分复杂，分割的形式也多种多样，因此没有一个统一的劳动力市场分割理论。

如果从制度性角度对劳动力市场分割的原因进行分类，大体上可以把劳动力市场分割分为制度性分割和市场性分割。早期分割理论主要集中于制度性分割的研究，认为制度性因素与社会性因素对劳动力市场的运行会产生重要影响，从而形成市场中的非竞争性群体，阻止了劳动力的自由流动。现代劳动力市场分割理论主要从两个方面发展了早期理论：一是运用新的分析范式和分析工具研究劳动力市场的制度性分割，把制度分析纳入统一的分析框架中；二是运用新理论来研究市场性因素形成的分割，如内部人—外部人模型就为劳动力市场的制度性分割提供了崭新的解释。

第三节　影响技工供给的主要原因概述

一　中国职业教育发展滞后的经济分析

中国职业教育发展滞后是技工供给不足的最主要原因。政府财政投入不足是职业教育发展滞后的主要原因，而职业教育的落后又成为家庭教育投资不选择职业教育的主要原因，如此恶性循环将职业教育"锁定"在次等教育的地位。

职业教育发展滞后是指高质量职业学校教育的有效供给不足，不能满足社会经济发展的需要。随着职业教育市场化，在职业教育招生市场上，职业院校与家庭或个人之间存在教育质量信息不对称，使来年考生对职业教育进行逆向选择，只有低素质考生进入职业院校学习，从而使职业教育质量更加下降，最终导致整个职业教育市场萎缩，使职业教育成为一个准柠檬产品，影响职业教育的健康发展。职业教育是在一定制度环境中发展的，家庭或个人的教育投资决策不仅受到经济因素的制约，也受到制度因素的影响；家庭或个人只能在特定的制度环境约束中最大化自己的效用。中国现行教育体制具有重学历教育、轻技能培训的特点，至今仍没有建立起一套完善有效的技术工人培养培训制度。因此，技工短缺并非仅仅是劳动力市场上一时供求关系的失衡，它与中国职业教育发展过程中制度建设的不完善密切相关。

职业教育，尤其是技工类职业教育是一项特殊而重要的公共事业，市场的自行调节并不能把这类职业教育办好，这就需要政府的介入。但是，即使政府具有财政能力用于教育投资，也不一定会把职业教育发展好，因为这取决于政府的职业教育投资意愿。中国职业教育管理体制将中等职业教育的责任交给了地方政府，高等职业教育虽然实行三级办学体制，但实际上由行业部门和地方政府进行管理；而地方政府官员的政治晋升采用的是"锦标赛"形式，他们关注的指标是 GDP 而不是社会事业发展，地方政府有激励将有利于经济增长的财政支出最大化，以确保在锦标赛中获胜。因此，即使用于经济增长的财政投资效率很低，所有的地方政府都没有激励削减用于经济增长的财政支出，从而导致地方政府公共支出缺口很大，严重制约社会公共事业的发展，一向不被重视的职业教育能分配到的财政经费就更是少得可怜。

家庭教育投资是一个复杂的决策过程，不仅要考虑教育投资的成本收益，进行教育投资与其他投资的比较，还受一定社会的民族文化传统及价值判断标准的影响。在职业教育与普通教育的信号竞争中，职业教育的发展长期滞后于普通教育，不能满足家庭或个人对高质量职业教育的需求，其结果是中国家庭在对普通教育与职业教育的选择上，比较普遍的现象是忽视技能教育，偏爱普通教育，对职业教育的投资缺乏热情。高校的扩张进一步强化了家庭的普教投资偏好。高校扩张后，高能力学生为了在劳动力市场上与低能力学生分开，必须进行更多的教育投资，而这种投资可能仅仅是为了发送信号，而并非出于对科学研究的热爱。高校扩张进一步激发了中国家庭对子女进行普通教育投资的热情，从而导致了家庭对职业教育的投资更加不足，其最终结果是目前中国劳动力市场上技工有价无市，出现了严重的技工短缺。

二　专用性人力资本理论对企业在职培训投资的启示

人力资本投资并不会随着正规教育的完成而终结，技工类职业院校毕业生只是"半成品"，要想成为合格的技工，还需要进行实践锻炼和接受企业的在职培训。企业的人力资本是其竞争优势的重要来源，但是决定企业竞争优势的是专用性人力资本，而不是一般性人力资本。

企业专用性在职培训收益不仅受到企业投资力度的影响，也受到员工努力程度的制约。如果员工不能获得任何专用性在职培训的收益，员工将不会在培训中付出任何努力，这会大大降低企业专用性在职培训的效果。因此，企业会承诺让员工分享一定比例的培训收益，以激励员工在培训中付出努力，这就有可能导致企业在职培训中的"囚徒困境"。解决"囚徒困境"的办法是让博弈双方进行重复博弈。如果企业重视长期收益，即企业与员工之间能够进行无限次重复博弈，企业对员工的承诺是可置信的，员工将会在培训中付出最优程度努力。在这一博弈中，企业声誉会发挥重要作用，而且企业与员工要建立长期雇用关系。

专用性人力资本理论认为，由于专用性人力资本投资的复杂性，机会主义行为极易发生。企业的专用性培训结束后，员工可以通过讨价还价占有一部分企业专用性培训带来的收益，这就是企业在职培训后的道德风险问题，即敲竹杠问题。由员工的讨价还价能力所引起的敲竹杠问题，将会影响企业在职培训投资的收益，最终导致企业专用性在职培训投资不足。

中国当前以市场调控为主的雇用合同很难建立企业和员工之间稳定的雇用关系，这种雇用关系的脆弱性很容易诱发道德风险，其结果是企业丧失了继续进行在职培训投资的激励基础，最终导致了企业专用性在职培训投资的不足。

三　劳动力市场分割理论对技工供给不足的解释

完善的劳动力市场是劳动力资源进行有效配置的基础。技工短缺问题根植于劳动力市场的发展过程之中，如果对中国劳动力市场存在的问题缺乏深入分析，就很难准确地解释技工短缺问题的存在根源。

中国劳动力市场存在的主要问题是劳动力市场分割。计划经济时期形成的劳动力市场分割状态，迄今尚未完全打破，不仅传统的户籍制度依然制约劳动力在城乡之间、地域之间的自由流动，而且还形成了主要劳动力市场与次要劳动力市场之间、国有部门与非国有部门之间的劳动力市场分割。劳动力市场分割阻碍了劳动力的自由流动，妨碍了市场在优化劳动力资源配置中基础性作用的发挥。

中国劳动力市场的分割首先表现为制度性分割，包括城乡劳动力市场的分割、不同体制的部门之间的分割等，而且导致这种分割的传统制度仍然在继续实施。虽然部分明显带有歧视性的政策已经逐渐被取缔，但因为制度的惯性作用，其分割劳动力市场的效应还将长期存在。体制性劳动力市场分割会扭曲家庭或个人的人力资本投资决策，当个人或家庭认为职业教育投资后所形成的人力资本只能在体制外劳动力市场就业时，家庭或个人教育投资决策的理性选择就是要么终止教育投资，要么考大学接受普通高等教育，其最终结果就是技工短缺。中国农村人力资本投资水平较低的一个重要原因是城乡劳动力市场的严重分割。在分割的劳动力市场上，劳动力流动被限定在特定的范围，所有超出这一范围的求职活动都要付出额外的代价，能够进入一级劳动力市场就业的农村人口十分有限。由于进入城市高收入部门的可能性较低，他们对未来收入的预期也普遍较低，这就降低了农村居民进行人力资本投资的积极性，扼杀了他们提高自身素质的热情。农村劳动力进入城市后绝大部分只能在二级劳动力市场就业，受教育水平的多少和技能的高低对从事城市二级劳动力市场上的劳动没有实质性的影响，所以农民工群体中技工所占的比例很小，这使得技工短缺问题雪上加霜。

其次，表现为内外部劳动力市场的分割。内部劳动力市场是现代化大企业加强人力资源管理的重要方式，企业有一套正式规则来确定雇员的聘用与解雇方式，如某些岗位出现空缺，企业不是面向全社会招募员工，而是首先查询企业内部的人才库或在企业内部公开竞聘。只有在内聘仍然无法满足需求时才向社会招聘。这一制度对维持企业的稳定以及激励员工努力工作都有特定意义。但企业核心员工的超经济保障使其无须再进行人力资本投资，外围员工进行人力资本投资并不能提高工资和待遇，因而核心员工和外围员工都不存在进行人力资本投资的现实激励基础，从而抑制了员工进行人力资本投资的动机。这样，内外部劳动力市场分割造成了员工人力资本投资激励的不足。因此，企业在外部劳动力市场不能招到需要的技能人才时，在企业内部劳动力市场也不能解决这一问题，这种技工人才的"内忧外患"使得企业的技工短缺问题愈加突出。

总之，只有从职业教育发展滞后、家庭教育投资决策、企业在职培训投资、政府职业教育投资和劳动力市场分割等方面，运用信息经济学、专用性人力资本理论、劳动经济学等相关经济理论对中国技工供给不足问题进行综合研究，才能全面准确地理解技工长期短缺的真正原因。在这样的分析框架下，可以为政府制定促进职业教育发展的政策、鼓励企业在职培训投资，以及完善劳动力市场，从而为彻底解决技工供给不足问题奠定制度基础，提供理论参考。

第三章　职业教育发展中存在的
问题及其经济分析

职业教育（特指以培养各级技工为办学目标的中等职业学校教育和高等职业学校教育）是技工最重要的来源。中国职业教育发展的落后与不足是当前技工短缺的一个重要原因。而中国职业教育发展滞后的原因是国民教育体系结构的失衡和职业教育管理体制的模糊。目前职业教育与普通教育发展不协调，突出的问题是高中阶段普通高中教育的发展快于中等职业教育，普职比差距较大；与普通教育相比，政府对职业教育的财政投入明显不足。

下面我们在介绍职业教育发展历史的基础上，概括出中国职业教育目前存在的主要问题，并对其进行理论分析。

第一节　职业教育的发展及其存在的问题

一　中国职业教育的发展路径：由计划到市场

（一）改革开放前的职业教育

新中国成立后由于面临艰巨的经济恢复与建设工作，中央对中等职业教育的建设和发展十分重视。第二个五年计划指出，努力发展高等教育和中等专业教育，有计划、有步骤地发展业余高等教育和中等专业教育。这一时期试行两种教育制度：一是全日制学校教育制度，二是半工半读学校教育制度。1963 年城市职业教育座谈会提出，把职业教育作为中国学制中的一个重要组成部分，逐步建立完备的职业教育体系，将部分初中改为各类职业学校。虽然该时期国家从政策上不断加强了对职业教育的重视，但由于受教育人口在地域上的不稳定所导致的中国职业学校招生数量的波动，最终造成了职业教育发展的不稳定。

"文化大革命"期间职业教育受到了重创。1965年，各种职业技术学校和农业中学共有61626所，在"文化大革命"中都变成了普通中学，各种职业技术学校被一扫而光。中等教育的畸形发展和结构的单一化，使青年升学、就业成为尖锐的社会问题。这一时期，职业教育的发展受政治风波的影响而明显衰落。

（二）改革开放后的职业教育

1. 恢复与发展（1978—1998年）

1979年，中国开始教育事业的调整，恢复和完善高考制度，改革中等教育结构。1980年10月国务院批准了教育部和劳动总局的《关于中等教育结构改革》报告。各地根据中等教育结构改革的要求，调整、整顿普通中学，积极发展各类职业技术教育。到1984年，高中阶段各职业技术教育的学生比例已从1978年的7.6%提高到32.3%，职业教育得到了较好的恢复。

1985年的《中共中央关于教育体制改革的决定》和1993年的《中国教育改革和发展纲要》使中国中等职业教育取得了前所未有的快速发展，就业前中等职业教育在校生规模从1980年的226万人发展到1998年的1146万人，占就业前高中阶段在校生的比例由1980年的18.9%上升到1996年的56.8%和1998年的60.02%，改变了中等教育结构单一的局面，基本形成了普通教育与职业教育双轨并行的格局。职业教育的发展突破了原有教育体制和教育结构，对企业经营和农村发展具有重要意义。1996年5月颁布的《职业教育法》，从法律上确立了职业教育的地位、作用以及职业教育的实施和保障条件，标志着中国职业教育进入了一个新的发展时期。

2. 逐渐衰落（1999—2004年）

20世纪90年代末以来，中国职业教育遇到了新的困难与挑战，具体表现为：一是中等职业学校招生规模锐减，职普比连年下降（见表3.1）；二是生源质量滑坡；三是中等职业教育资源大量流失，如作为中等职业教育重要组成部分的中专学校，自管理体制划归地方以后，全国已有360所或被合并或被撤销，其中的68%与高校合并升级；许多职业高中又回归普通高中，多年的资源积累损于一旦。

表 3.1　　　　　　　中等职业教育在校生数及其所占比例　　　单位：万人、%

年份	1990	1992	1994	1996	1998	2000	2001	2002	2003
在校生数	763.54	857.25	1113.25	1320.06	1431.08	1284.48	1164.94	1190.81	1256.72
所占比例	45.70	49.20	56.10	56.80	60.02	51.01	44.78	40.94	38.75

资料来源：根据历年《中国统计年鉴》数据整理而成。

3. 缓慢回升（2005 年以后）

2002 年 9 月《国务院关于大力推进职业教育改革和发展的决定》提出，"十五"期间职业教育要为社会输送 2200 多万中职毕业生、800 多万高职毕业生；2005 年 10 月，《国务院关于大力发展职业教育的决定》重申了政府对职业教育的重视。从此，中国职业教育开始缓慢回升。从表 3.2 可以看出，中国的中等职业教育在 2004 年跌到谷底后，2005 年开始止跌回升。中等职业教育在校生数所占比例由 2003 年的 38.62% 上升到 2007 年的 48.3%。

表 3.2　　　　　　　中等职业教育在校生数及其所占比例　　　单位：万人、%

年份	2001	2002	2003	2004	2005	2006	2007
在校生数	1164.94	1190.81	1256.72	1409.24	1600.04	1809.89	1987
所占比例	44.78	40.94	38.75	38.62	39.69	41.68	48.3

资料来源：根据历年《中国统计年鉴》数据整理而成。

中国高等职业教育的正式发展始于 20 世纪 80 年代初。1985 年《中共中央关于教育体制改革的决定》提出，积极发展高等职业技术院校，逐步建立起从初级到高级、行业配套、结构合理，又能与普通教育相互沟通的职业技术教育体系。1994 年 6 月首次提出"三改一补"的高等职业教育基本方针，即通过现有的职业大学、部分高等专科学校、独立设置的成人高校改革办学模式、调整培养目标来发展高职教育，并利用少数具备条件的重点中专改制或举办高职班等方式作为补充。1998 年教育部又提出"三多一改"的高等职业教育政策，即多渠道、多规格、多模式发展高等职业教育，进行教学改革，真正办出职教特色；同年的《高等教育法》明确把高等职业院校作为高等教育的一部分确定下来。1999 年全国高等院校大规模扩招，以独立设置的高职院校的迅速增长为标志，高职教育得到了蓬勃发展。由于高等专科教育、高等职业教育与成人高等教育都以培养高等技术应用性人才为目标，教育部将原有的高职、高专和成人高校合称为高职高专教育。

2000 年教育部发布《关于试行按新的管理模式和运行机制举办高等职业技术教育的实施意见》，其核心内容简称为"三不一高"政策，即毕业生不包分配，不再使用《普通高等学校毕业生就业派遣报到证》，国家不再统一印制毕业证书内芯，以学生交费为主。不久，随着教育部将设立高职院校的审批权下放到省级人民政府，大批高职院校纷纷成立。2002 年 7 月全国第四次职教工作会议明确提出，要建立"在国务院领导下，分级管理、地方为主、政府统筹、社会参与"的职业教育管理体制，形成政府主导、依靠企业、充分发挥行业作用、社会力量积极参与的多元办学格局。2005 年 11 月全国第五次职教工作会议要求高等职业教育招生规模占高等教育招生规模的一半以上，"十一五"期间要为社会输送 1100 多万高职毕业生。

从上述政府对职业教育发展的政策与管理体制的转变，我们可以看出，在中国职业教育由计划到市场的转变过程中，在新中国成立之初职业教育只是作为普通教育的补充，没有作为国民教育体系的组成部分，本身存在先天不足；在后来的发展中，虽然职业教育已在法律上被确认为国家教育事业的重要组成部分，但"雷声大、雨点小"的现象依然存在。职业教育市场化后，由于各级政府财政投入不足，社会认可度又低，使职业教育后天发育不良。尽管由于政府的三令五申和经济发展的需要，职业教育有缓慢回升的趋势，但从整个国民教育体系来看，中国职业教育的功能定位不明晰；从管理体制来说，教育部、人力资源与社会保障部、人事部、各级地方政府、行业系统都在管理职业教育，各部门对职业教育的管理思路各不相同，多头管理导致职教的管理体制难以理顺，职业教育的经费投入机制含糊不清，严重制约着职业教育的健康发展。

二　职业教育发展中存在的主要问题

中国职业教育发展中存在的主要问题可概括为发展滞后，即高质量职业学校教育的有效供给不足，不能满足经济社会发展的需要，具体表现在以下三个方面：

（一）职业教育经费短缺

中国的教育资源本来就整体不足，有限的教育资源又倾向于发展高等教育和基础教育，所以职业教育的资源就更为匮乏。从图3.1看出，全国教育经费一直保持了一定比例的增长，但是职业教育经费基本没有变化，增长幅度很小。教育经济学研究认为，职业教育经费占总教育经费的比例一般应维持在10%。从图3.2可知，自2000年以来，职业教育经费占总教育经费的比例在不断缩小，直到2005年才略有上升。

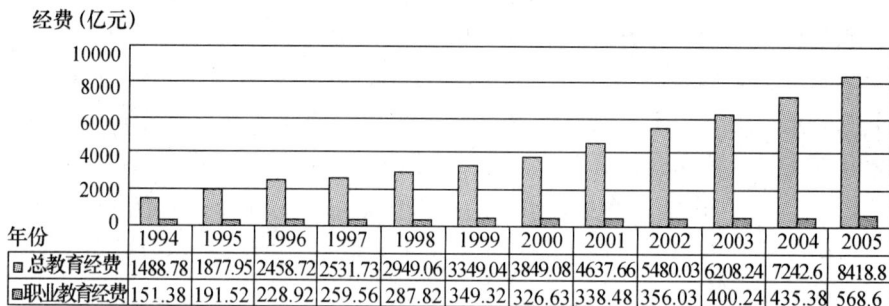

经费（亿元）

年份	1994	1995	1996	1997	1998	1999	2000	2001	2002	2003	2004	2005
总教育经费	1488.78	1877.95	2458.72	2531.73	2949.06	3349.04	3849.08	4637.66	5480.03	6208.24	7242.6	8418.8
职业教育经费	151.38	191.52	228.92	259.56	287.82	349.32	326.63	338.48	356.03	400.24	435.38	568.6

图3.1　1994—2005年中国教育经费总支出和职业教育经费支出

数据来源：《中国教育年鉴》（1995—2006），人民教育出版社；《中国统计年鉴》（2007），中国统计出版社。

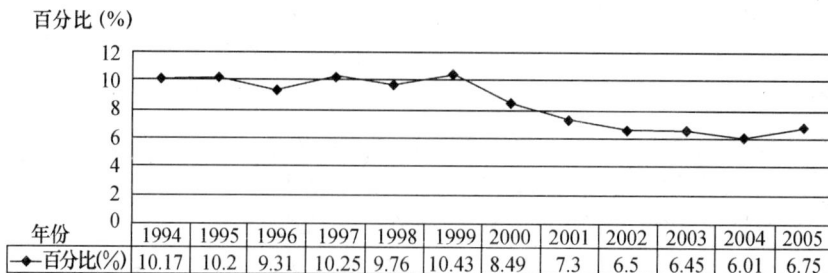

百分比（%）

年份	1994	1995	1996	1997	1998	1999	2000	2001	2002	2003	2004	2005
百分比（%）	10.17	10.2	9.31	10.25	9.76	10.43	8.49	7.3	6.5	6.45	6.01	6.75

图3.2　1994—2005年职业教育经费支出占全国教育经费总支出的比例

数据来源：《中国教育年鉴》（1995—2006），人民教育出版社；《中国统计年鉴》（2007），中国统计出版社。

发展中国家对教育成本的统计表明，高等职业教育的教育成本是普通高等教育教育成本的 2.64 倍，中国中等职业教育学校的预算内生均成本是普通高中预算内生均成本的 4.77 倍[①]。可见，职业教育成本比普通教育成本更高，更需要加大对职业教育的投入。

（二）职业教育师资薄弱

建立一支高素质的教师队伍，是提高教学质量和办学水平，保证职业教育事业长盛不衰的关键。目前职业教育师资队伍建设中存在"双师型"教师匮乏、培训滞后等问题。

1. "双师型"教师缺乏

"双师型"教师是既能讲授理论课，又能指导学生实训的专业课教师。他一方面要有较高的文化和专业理论水平，有较强的教学科研能力；另一方面又要有广博的专业基础知识、熟练的专业实践技能，一定的组织生产经营和科技推广能力，以及指导学生创业的能力。职业教育是以培养学生某一领域操作技能和实践能力为目标的教育，教学内容要适应生产实践的发展，教学时空跨度大，教学对象在学习目标、知识基础方面具有极大差异。这些特点客观上决定了从事职业教育的教师必须是"双师型"教师。但是，中国职业教育的教师大部分是从普通高校毕业的大学生，只有很少部分是从行业、企业调入或兼职的，而且由于经费短缺教师很少定期到企业去实践，多数教师的实践能力、动手能力、实训教学能力都不符合"双师"的要求。

2. 师资培训方式滞后

虽然中国已经建立了职业教育师资培训体系，但是从总体上看这一体制并不完善：从纵向看，职业教育师资培养还没有形成中央、地方和学校相互衔接的培训体系；从横向看，也没有形成校企合作、产学研相结合的培训模式。此外，师资培训特色不鲜明，存在重理论知识传授轻专业技能实训的问题。多数师资培训基地的培训条件比较落后，不能适应教师对新知识、新工艺、新方法、新技术的培训要求。由于经费不足，多数教师无法到企业生产一线进行实践锻炼。

[①]　周梦、邢志敏：《浅析我国职业教育发展的经费状况及对策》，《当代教育论坛》2007 年第 4 期。

（三）职教特色不鲜明

中国职业教育的一个重大缺陷是职教特色不显著，具体表现为培养目标不准确、市场定位模糊、重理论轻技能的培养模式、专业设置与市场需求脱节，等等。我们以制造业为例来说明这一问题。

根据对中国制造业发展速度和劳动力市场的分析，制造业每年需求人员大约300万，其中高职层次即使按照10%—15%来估算，至少也需要30万—45万人；再考虑到竞争因素和当前高职毕业生就业的实际状况，供求比若按1.5计算，则每年需要培养45万—65万名制造类专业高职毕业生。而2005年独立设置的高职院校制造类招生数为25.7万人，加上本科院校招收的高职高专生，合计约为40万人，尚存在需求缺口5万—25万人，这说明高职院校的专业设置要根据经济发展的需求进行及时调整。制造业中的数控机床、模具设计与制造、汽车检测与维修、机电一体化、机械加工等职业岗位，不仅需求量大，而且技能要求和收入水平也较高，是非常适合高职院校培养的专业，发展前景广阔；数控技术应用、汽车运用与维修已被列入职业院校制造业技能型紧缺人才培养培训工程。需要注意的是，由于这些专业技术含量高，其技能培养要求也很高，学校必须加大投入，加强与行业的合作，充分利用行业的教师资源和实训资源。但现阶段相当一部分高职院校的专业设置滞后于产业发展，培养目标不清晰，缺乏针对性，培养的学生操作能力不强，缺乏职业技能深度，毕业到岗后的适应期太长。

愈演愈烈的"技工荒"既是职业教育发展滞后的结果，也是职业教育发展的动力和机会，而要使职业教育从规模到品质都能有所发展，必须转变办学理念、强化市场调节、调整课程设置和制定科学合理的发展规划，办出职业教育的鲜明特色。

三　案例分析：来自山东淄博市高等职业教育的调查①

淄博市是山东省的一个主要工业城市，随着该市经济社会的发展，高等职业教育日益得到当地政府的重视和社会各界的关注。自2002年以来，淄博市高等职业教育得到了快速发展，2008年全市共有独立设置的高职院校11所，高职院校成为淄博市高等教育的主力军。这些独立设置的高

①　笔者根据2009年5月对淄博市高等职业教育的调研整理而成。

职院校均为专科层次，目前正处于由中专教育向高等职业教育转变的转型期，学制一般为2—3年。

从近几年淄博市高职毕业生的就业情况来看，总体情况比较乐观。例如，淄博职业学院2005年首次就业率达71.7%，9月初就业率达95%；为适应淄博经济发展对技能人才的需求，该院组建了专业建设委员会，广泛吸收行业、企业领导与技术人员参加，使专业设置、教学计划更符合用人单位的要求，2005年招生时就明确提出了"按需订单培养、合同协议就业"的就业模式。学院这种根据企业要求对学生进行"量身定做"的培养模式，既满足了企业对人才的需求，也使毕业生的就业得到了保障。

（一）职业教育发展不能满足本地区对技工人才的需求

根据该市2008年第四季度劳动力市场的统计资料，2008年第四季度用人单位的劳动力总需求为60126人，市场总供给为70755人，求人倍率约为0.85；按技术等级分组的劳动力供求状况见表3.3。从表中数据可以看出，在该市劳动力市场供求状况总体上呈供过于求的状况下，人才供求结构不平衡，出现了结构性矛盾，各级技工的求人倍率均大于1。其中，技师和高级技师的求人倍率最大，表明高级技术工人缺口很大。

表3.3　淄博市2008年第四季度劳动力市场按技术等级分组的供求状况

技术等级	劳动力供求人数比较				
	需求人数（人）	所占比重（%）	求职人数（人）	所占比重（%）	求人倍率（倍）
初级技能	7728	12.85	4922	12.13	1.57
中级技能	3082	5.13	2412	3.41	1.28
高级技能	1213	1.48	892	1.71	1.36
技师	688	1.14	64	0.09	10.75
高级技师	198	0.33	25	0.04	7.92

受各种因素影响，该市高职院校人才培养的专业结构同人才实际需求结构的矛盾比较明显，我们以该市化工行业为例加以说明。淄博市是化工大市，到2007年年底，全市共有石化企业1000家，其中，中央企业1家，市属以上地方企业20家，乡镇企业800余家，职工总数达13万余

人，主要经济指标列全市前三位，全省行业中列四位。从石化工业发展状况看，淄博市是老石油化工基地，有国家特大型化工企业齐鲁石化公司和淄博市齐鲁化工园区。目前企业的专业人才状况，只有齐鲁石化公司及市属以上企业职工队伍素质相对较高，但也有大批没参加过专业教育培训的职工在生产一线，进行简单的重复性劳动。该市的乡镇化工企业，20世纪90年代以后迅猛发展，占据了市化工企业的半壁江山，但职工素质低，尤其是生产一线的高级技术人才短缺，企业急需增加化工专业技术工人充实到生产一线，改变目前的职工队伍状况。2008年地方化工企业就需要化工专业技工3600人，"十一五"期间，随着齐鲁化工园区的建成，将有大批化工企业开工，更需要大量的化工专业技术工人。

（二）淄博市高等职业教育存在的主要问题

1. 资金短缺是首要问题

第一，淄博市高等职业教育资金短缺，来源渠道单一。该市统计资料表明，财政预算内职业教育经费占整个财政预算内教育经费的比例呈下降趋势，由1996年的11.5%下降到2007年的8.4%；教育费附加中用于职业教育的经费也较少，2006年用于职业教育的教育费附加只占整个教育费附加的6.22%；社会团体和私人举办职业教育的经费仅占职业教育总经费的1.57%。第二，高职院校办学规模扩张与资金短缺的矛盾突出。该市的高职院校都是最近几年在中职学校的基础上升格而成的，原有办学规模大都在1000—2000人。因此，淄博市高职院校的办学基础相对薄弱，加之近几年大幅扩招与经费投入不足等原因，使基础设施建设滞后于高职院校的规模扩张。尽管从绝对数上看，政府和主办单位近几年不断加大投入力度，但生均经费和教育资源仍逐年下降，不能满足办学规模迅速扩大的需要。目前该市11所高职院校中，只有1所学校建成了新校区，其余院校大部分正在进行新校区建设，市政府对新校区建设没有专项资金投入，学校主要通过贷款、资产置换等渠道筹措资金，而目前国家加大了对学校贷款的限制力度，资金筹措困难。市政府举办的高职院校的资金来源为市财政，其资金渠道稳定，且随着本地区经济的发展而稳定增长。但是，教学设施投入和新校区建设所需资金没有列入市财政，目前市政府举办的三所高职院校都面临新校区建设任务，建设资金基本靠学校自己解决，资金矛盾异常突出（见表3.4）。第三，由于经费短缺导致高职教育硬件条件较差，主要表现为办学基础设施不能满足高职规模的扩张和实验实训设施不能满足高职教学的需要，严重影响了高职人才的培养质量。

表3.4　　　　　　　淄博市部分高职院校新校区建设资金需求情况　　　单位：万元

学校名称	占地面积（亩）	建筑面积（平方米）	基本建设投资	教学设施投资	总投资额	资金来源
淄博职业学院	1400	300000	45000	10000	55000	自筹货款
淄博科技职业学院	600	100000	19000	6000	25000	自筹货款
淄博师范高等专科学校	2000	300000	50000	5000	55000	自筹货款
山东药品食品职业学院	835	300000	50000	10000	60000	自筹货款
淄博市技术学院	600	200000	25000	10000	350000	自筹货款

说明：淄博市部分高职院校新校区建设资金需求是其资金预算计划需求情况，至于能否筹集到则另当别论。

2. 师资队伍素质不高

第一，师资结构不合理。师资结构不合理一方面表现为师资的专业结构不合理，主要原因是受专业增加和规模扩张的影响，专业师资严重缺乏，达不到要求就开办新专业的现象比较普遍；另一方面表现为师资的职称和学历结构不合理，而新建高职院校的师资队伍职称学历更低、比例结构更不合理。淄博市高职院校和两所新建高职院校师资情况见表3.5。从表中可以看出，高职院校师资专业素质偏低，而且新建高职院校师资素质明显低于原有高职院校。新建高职院校通过引进和在职培养，逐步提高了教师的学历水平，但仍然没有形成合理的学历结构和职称结构，在具有高级职称的教师中，缺少具有较强专业技能和丰富实践经验的中青年教师或专业带头人，而部分职称高的教师又存在年龄大且不具备熟练的现代化技能的缺点。第二，"双师型"师资比例偏低且水平不高。由于高职教师主要由普通高校毕业生组成，多数缺乏生产实践经验，实践能力较低。虽然其中一部分教师已获得专业技能证书，但与"双师"素质要求还有很大差距。因此，"学科型"教师所占比例较高，而满足高职教学需要的"双师型"教师比例偏低。第三，兼职教师队伍薄弱。兼职教师参与高职人才的培养可加强人才培养的针对性，实现教学过程与生产管理的直接对接，提高人才培养质量，其来源是企事业单位生产管理一线的专业技术人员。然而受管理体制等因素的影响，真正参与高职人才培养的兼职教师还很少，主要是外聘一定数量其他院校的教师，达不到高职院校的教学要求。

表 3.5　　　　　　　　　淄博市高职院校教师基本情况

高校类别	数量和比例	专任教师								
		职称					学历			
		正高	副高	中级	初级	无	博士	硕士	本科	专科及以下
高职院校	数量（人）	301	2184	2580	2126	1010	60	587	7201	483
	比例（%）	3.7	26.6	31.5	25.9	12.3	0.8	6.9	87.1	5.2
两所新校	数量（人）	0	141	162	104	31	0	9	358	77
	比例（%）	0	32.2	37.0	23.7	7.1	0	0.8	81.6	17.6

3. 职教特色不显著

淄博市高职院校的建立时间较短，缺乏办学经验，目前正处在探索和实践阶段。受办学条件的制约，高职院校的办学特色还不能充分体现出来，在人才培养中存在普通本科的浓缩模式或中专的延伸模式等现象，理论教学基本上是大学本科模式的浓缩，实践教学环节没有在教学计划中占有足够的比重，满足教学需要的"双师型"教师缺乏，兼职教师的引进、管理和使用远远达不到要求。调查中了解到高职院校理论教学与实践教学常常存在脱节现象，并且绝大多数实践教学在校内进行，校外实习实践基地满足不了人才培养需要，学生实践机会比较少。职教特色不显著的表现有三个方面。

第一，专业设置缺乏针对性。淄博市的高职院校包括地方政府举办的市属院校、省行业系统举办的院校、企业举办的院校。受行业和企业自身因素的影响，各院校开设的专业具有各自的局限性，不能充分体现高职院校人才培养的区域性特点。再者，受招生制度的影响，学校以开办新专业为时尚，盲目举办热门专业。为扩大招生规模，尽可能多开设专业，相互攀比，不顾自身条件，只看眼前利益，不顾长远利益，结果造成本市专业重复设置，缺乏协调统一，浪费了大量人力物力资源，为高职院校的持续发展留下了隐患。例如，淄博市11所高职院校都开设了计算机应用专业，招生人数较多，而目前该市专科层次的计算机人才早已供过于求。职业院校的专业设置缺乏针对性，不符合经济发展的需要，造成了人才培养与市场需求的脱节。中国高职院校的专业设置是在高职院校的创办过程中逐渐发展起来的，由于相当长一段时间没有国家统一颁布的专业目录，因而专业名称、培养要求等没有统一规定，高职院校就根据高职培养目标和地方经济需要并结合参考型目录汇编，改造原有普通工科院校的相关专业进行专业设置，造成了高职院校专业名称的不规范。直到2004年国家公布了统一专业目录，将高职高专专业目录分为19个专业大类、78个二级类、532个专业后，职业院校的专业设置才规范起来。但是，专业名称规范以后，相应专业的培养目标、培养要求等方面的规范还需要一个过程。

第二，教学过程缺乏职教特色。随着经济结构的调整和经济增长方式的转变，社会对高职技术人才的需求也越来越多。高职院校的教学内容、课程体系和师资力量是影响人才质量的重要因素。该市大多数高职院校，特别是新建高职院校，受自身师资、教学设施的制约，教学改革举步维艰。目前多数高职院校仍延用以课堂为中心、以老师为中心、以课本为中心的传统教学模式，单纯采用灌输的教学方法。由于产业结构的调整和职业岗位的不断变化，许多课程内容相对陈旧，知识更新与教材滞后的矛盾日益突出，造成高职人才的培养缺乏职教特色。从总体上看，目前淄博市高职院校的师资状况不能满足高等职业教育的发展要求；同时，由于教学任务重而忽视了教师的进修与培训。有些职业院校虽然意识到培养"双师型"教师的重要性，并派遣青年教师下厂顶岗锻炼，但效果并不理想，没有达到预期目的；而更多学校仍倾向提高教师的学历层次，走传统的师资培养道路。从企事业单位引进的教师缺乏教育教学经验，教学效果欠佳。

第三，存在中专延伸与本科压缩现象。随着社会对教育需求层次的提高，人们对高等教育特别是优质高等教育的需求增加，中等职业教育办学出现困境。在这种情况下，不少地方政府把办高职只是当做化解中专办学萎缩所带来的危机的一种手段，仍把高职当做学历教育，认为它是中专模式的延伸，只要在教学方面做些拓展即可，如增加仪器、图书资料、实验基地、师资队伍等；或者将普通本科的教学计划加以压缩，再增加一些实习环节。中专和普通本科的教学目标、课程设置、操作技能要求和学生的基本素质与高职教育都有相当大的差距，这种培养模式显然无法造就高质量的高职人才。

目前该市高职院校同普通高等学校相比，不论是师资，还是办学条件都存在一定差距，高职院校的办学特色在逐步形成之中。因此，要成为真正意义上的高职教育，办出高职特色，观念上还需要重新审视和确认，实践中还需要不断完善高职办学模式。

第二节　职业教育发展滞后的制度因素分析

一　职业教育发展滞后制度分析的原因

职业教育是在一定的制度环境中发展的，家庭或个人的教育投资决策不仅受到经济因素的影响，也受到制度因素的影响。人只能在特定的制度环境约束中最大化自己的效用。这些约束主要来自人类自身认识能力的有限性、环境的不确定性和复杂性、信息的不完全性和不对称性，以及法律法规、价值观念、伦理道德、风俗习惯和意识形态，等等。它们使人的行为成本得以改变，其中意识形态的约束往往对人的行为具有决定性的影响。因为人们常常通过成本—收益分析来最大化自己的效用，当边际收益等于边际成本时，便实现了净收益的最大化。而意识形态通过改变人们的偏好体系，对成本与收益的实际数值具有直接的决定性作用。因此，对中国职业教育发展滞后进行制度分析具有现实意义。

中国现行教育体制重学历教育、轻技能培训的特点，以及至今仍没有建立起一套完善有效的技术工人培养培训制度是中国职业教育发展滞后的主要原因。在西方发达国家，职业教育和高等教育在整个国家的经济体系和教育体系中都占有重要地位。以加拿大为例，每个城市都有几所规模很大、设备先进、师资力量雄厚的高职院校，这些学院都以高就业率而闻名，可以说到这些学院学习就意味着能找到好工作。这些高职院校的普遍特征是，专业设置与市场需求高度一致，同时政府对学院进行补贴，部分专业甚至实行免费学习。这种教育制度使加拿大的劳动力市场结构非常合理，既有大学培养出来的高科技人才，又有市场普遍需要的技能型人才。而与此相对照的是，中国普通高等教育投资过度、职业教育投资不足的问题长期存在。

在中国劳动力的供给总量中，长期存在着因职业教育滞后而导致的技工短缺问题，只不过在计划经济体制下，这一问题被"大锅饭"、人浮于事、低效率的制度性因素所掩盖。市场经济体制的建立，企业必然重视员工素质，重视员工的生产力，这使得技工短缺由隐性走向显性，职业教育发展滞后问题渐渐上升到社会层面，成为社会广泛关注的焦点。因此，技工短缺并非仅仅是劳动力市场一时供求关系的失衡，职业教育发展滞后问题也并非一日之寒，它与中国的制度积累不足、完善不够密切相关。因此，职业教育发展滞后以及由此带来的技工短缺问题实质上是制度问题。

二 影响职业教育发展滞后的制度因素

（一）教育评价制度的片面性

中国特殊的国情决定了考试制度在国民接受教育层次和范围筛选上的决定性作用，而分数长期以来又作为唯一评价标准，它在特定历史阶段，在一定程度上抹平了国民教育的供求矛盾，选拔出了一批优秀人才继续接受高等教育。但是，当考试及分数被广泛使用以后，教与学必然忽视市场经济对高等教育质量进行强制性检验和评判的要求。分数的高低与接受教育机会的多少、成本的高低密切相关，而且又与较高职位和较好的工作报酬联系在一起。因而，分数、学历、证件三位一体，互相映照，成为显示、证明个人能力的外在表征，于是，在人力资本市场上，高分数、高学历求职者大有人在，甚至出现过剩，而拥有技能和高学历、社会急需的技能人才却寥寥无几。高分低能、高不成低不就的莘莘学子成为中国市场经济条件下应试教育的怪胎。

（二）人才需求扭曲造成职业教育发展的非理性

劳动力市场需求对职业教育产生的影响，主要表现在社会用人单位的人才聘用标准上。就目前来看，大部分用人单位是否聘用择业者的首要标准是学校排名和学历高低，且有不断强化之势。这必然会助长学校教育的浮躁与不安。因此，有些学校想方设法甚至不惜造假去满足所谓的评价体系指标，以提高排名位次。更令人担忧的是，部分职业院校迫于生存和发展压力，竞相加入变大学、升本科的行列，全校动员，为"升格"而战。

一般而言，学历和文凭是拥有知识和技能的重要条件，而不是充分条件；而且社会需求也是多方位的，科学家是必需的，大量拥有一技之长的技工也必不可少。一些单位在招聘时，往往把学历文凭与工作能力联系起来，诸如"非 211 院校"免谈等，有些单位甚至把引进高学历人才当做提升知名度、增强企业形象的手段，却没有把人才实际创造价值的能力放在首位来看待。在这种扭曲的人才需求背景下，必然引发"非大学不读"、"非名校不上"的高考大赛。这样，在经过大学层层选拔过滤之后，留给职业院校选择的余地就大打折扣了，其生源数量少、质量低。为维持基本办学规模，许多职业院校只好放弃标准，"兼收并蓄"。因此，大部分职业院校学生质量参差不齐，有不少学生没有养成良好的学习习惯，缺乏基本的自律能力，给教学工作带来了前所未有的困难，就自然难以"生产"出市场所需要的技能人才。职业教育的非理性发展进一步挤压了职业教育的发展空间，削弱了职业院校培养高素质技能人才的能力。

（三）薪酬制度长期不合理影响家庭对职业教育的选择

在中国，薪酬设计长期以来是以职务、级别、学历为主要定级依据，建立针对一线技术工人的激励和晋升机制少有人问津，这一问题随着一些企业岗位工资制的引进有所改观，但推广运用阻力重重。企业技术工人与管理人员待遇和工作环境的巨大反差，以及晋升机会的渺茫，仍使大部分人视技工是出力不讨好的苦差事。企业的薪酬制度长期忽视技术工人的切身利益，不仅难以展示技术工种的魅力，而且也严重挫伤在职技工学习技术、自我提升的积极性。许多技工不安心本职工作，纷纷通过考文凭、走门路、跳槽改行另谋他职。这种状况对家庭和个人选择是否接受职业教育具有很大的影响，许多家庭和个人因为薪酬制度的不合理而放弃接受职业教育。

（四）职业教育发展中内部力量的缺失

组织内部力量的缺失以及组织自身利益目标的尚未形成是造成中国职业教育发展滞后的重要原因。职业教育被推向市场后，由于职业教育体系内缺少精英力量，职业教育的发展路径难以突破原有制度框架，职业教育不能解决自身存在的根本问题，陷入"低水平陷阱"而难以自拔。

中国职业教育始终都没有凭借自身力量完成其真正合法化的过程，未形成一个强有力的相关利益群体。高等教育合法地位的巩固、"万般皆下品，唯有读书高"的社会心态以及缺乏贯通的职业教育体系、职业教育学历文凭的等级认可程度低等问题都迫切要求职业教育建立起强大的认可体系，这既是其进行合法化的根本依据，也是其形成组织利益群体的前提。可是，即使在职业教育发展鼎盛时期，这一过程也没能完成。

（五）高等教育市场化对职业教育生源的影响

中国的教育制度是以高等教育为主导的，高等教育的市场化制度变迁带来的竞争效应，使职业教育的生存和发展空间受到进一步挤压；而且中国高等教育市场化制度变迁的基本完成，还使得高等教育在一定程度上能够控制职业学校教育的发展：（1）选择职业教育的办学力量。高考制度的恢复意味着教育制度的筛选功能开始启动，只有教学质量高、升学率高的普通高中才能在这样的教育制度环境中生存，而面临生存危机的普通高中则转而以开办职业教育为突破口寻求新的生存空间。这就是高等教育为职业教育选择办学力量的过程。在这一过程中，职业教育恢复和发展的途径也同时被确定下来，即由普通高中改办为职业学校。（2）控制职业教育生源的整体水平。众所周知，要进入高等院校，就必须经过层层筛选，其形式是通过各个层次的选拔考试——从中考到高考。如果以职业教育为考察对象，我们就不得不承认职业学校接收的都是逐级淘汰下来的学生。

（六）择业观念对职业教育发展的影响

受官本位影响，在职业选择上，人们崇尚白领，鄙视蓝领，偏好行政、事业单位。这种择业观念导致人们在选择接受何种教育时，不是根据自身禀赋和兴趣爱好来确定，而是以将来能否"做官"为取舍。尽管在中国现行的人才管理体制中，读大学并不一定能做官，但在整个国民教育体系中，读大学显然比读职业院校更有可能做官。因为现行的人事管理体制本身就体现了浓厚的"官本位"思想，读大学与读技校不仅地位悬殊，物质待遇也相差甚大。正是由于不同教育背景有如此巨大差别，人们必然会选择高等教育而不是职业教育，其结果必然是人力资本结构的扭曲。而当今公务员和白领的诸多优越性，更加强化了这一观念，成为无数学子的理想与追求。愈演愈烈的"考公务员热"使公务员考试成为中国"第一考"，正是这一观念的具体表现，其内含的动机正是为自己谋取不同于技工等职业的优越的工作环境和工资待遇①。

因此，传统择业观念根深蒂固，至今在较大程度上影响家庭或个人人力资本的投资方向和职业选择偏好，而接受职业学校教育往往是许多家庭或个人的一种无奈选择。笔者对山东淄博市一所重点高中学生的升学、就业选择倾向的调查结果显示，多数家长和学生对高职教育不太了解，95%的学生不选择到高职学校学习，64%的学生的职业理想是从事管理等工作②。这实际上是家长和社会观念的反映，由此可见传统观念的影响是何等广泛而深远。

20世纪70年代末，中国进入新的经济社会发展模式的探索时期，政府选择同时发展职业教育和高等教育，以满足经济社会不断增加的人才需求。前者培养技能型人才，后者提供另一类型的专业人才。二者本应齐头并进、协调发展，但是高等教育由于其优势地位，迅速而扎实地形成了组织利益，在教育资源竞争中排挤了职业教育的发展空间；而职业教育没能形成自身组织利益才是其发展停滞的症结所在。中国职业教育最初的兴旺靠的是政府扶持和市场需求，占据的是高等教育因自身发展不足而留下的发展空白，并非自身积极开拓的结果，职业教育在教育评价制度、薪酬制度、择业观念等方面并未形成有利于职业教育发展的制度要素。由于职业教育组织内部缺少精英力量，无法提出明确的市场化要求，仍然禁锢在原有制度框架之内；加之职业教育没有建立起强大的认可体系，缺少合法化的根本依据，因此始终没有取得真正的合法化地位，无法完成其市场化的制度变迁。

第三节　信息不对称对职业教育发展的影响

一　信息不对称、逆向选择与职业教育发展

信息不对称是指市场上交易主体之间所掌握的信息不对等，一方掌握的信息多，另一方掌握的信息少；或一方信息准确，另一方信息失真。阿

---

① 政策导向和工资待遇对人们选择职业有极大影响，有些政策使现在的中小学教师队伍都不稳定，如江苏省规定从今年开始允许中小学教师报考公务员。

② 笔者实地调研。

克洛夫（Akerlof，1970）指出，由于市场上存在质量信息不对称，消费者只能以平均质量定价，所以，低质量产品将会把高质量产品驱逐出市场，导致市场萎缩和社会福利损失。

众所周知，在商品市场上，买卖双方追求自己的利益：企业追求利润最大化，消费者追求效用最大化。企业提供的产品和价格最终能否被消费者接受是建立在消费者对相关信息判断的基础上。消费者所进行的购买活动大多是非专家型购买，消费者不完全了解市场上相关产品的质量、性能、用途和价格等方面信息，卖方会比买方对商品拥有更多的信息。"买者没有卖者精"其实是交易双方信息不对称产生的结果，即对交易对象具有信息优势的一方比信息处于劣势的一方能获得更多益处。但信息不对称也给企业带来了困难，优质产品如果不能被消费者认同，企业只能"孤芳自赏"而不能转化为利润。所谓消费者不识货，其实是企业信息传递出现了问题。一般来说，卖方由于了解自己产品的质量、性能、用途和价格，比买方具有信息优势，由此可能导致逆向选择和道德风险。

在发展职业教育呼声日益高涨的今天，职业教育市场上职业院校与消费者之间也同样存在信息不对称，最主要的是教育质量信息不对称。由于质量信息不对称，在职业教育招生市场上，低质量职业院校与高质量职业院校争夺生源，结果是职业教育的整体声誉受到很大负面影响，使来年考生对职业教育进行逆向选择，只有低素质考生进入职业院校，进而使职业教育质量更加下降，最终导致整个职业教育市场萎缩，使职业教育成为一个准柠檬产品，阻碍了职业教育的健康发展，也最终导致社会福利的损失。职业教育市场既不同于普通教育市场，更不同于一般的商品市场，它具有自己的特殊性，利用信息经济学对职业教育市场进行的研究还不多见。基于此，本书通过构建数学模型对职业教育的发展由质量信息不对称所造成的影响进行探讨。

二　信息不对称对职业教育发展影响的理论模型分析

（一）信息不对称对职业教育发展影响理论模型的构建①

在职业教育招生市场上，本来就存在高质量与低质量职业教育，而中国职业教育发展落后、整体质量不高，这对绝大多数非专家型家庭和学生

---

① 林毅夫、潘士远：《信息不对称、逆向选择与经济发展》，《世界经济》2006 年第 1 期。

来说，不能准确地知道招生市场中每一所职业院校的质量水平，只有在入校学习之后才能真实地知道所选学校的质量水平。据此，假设一国潜在接受职业教育的人口总量为 L，每个人无弹性地提供 1 单位劳动以获得收入，从而最大化效用如下：

$$U = \int_0^\infty \left[\frac{(C_l(t) + qC_h(t))^{1-\varepsilon} - 1}{1 - \varepsilon} \right] e^{-\rho t} dt \tag{3.1}$$

其中，$C_l(t)$ 和 $C_h(t)$ 分别表示家长和学生在 t 时间接受低质量职业教育和高质量职业教育的数量，q 表示高质量职业教育的质量水平（$q > 1$），ε 和 ρ 分别表示跨时消费替代弹性的倒数和时间贴现率。

要满足家长和学生的效用，职业院校必须提供具有一定质量的足量教育产品；随着中国职业教育市场化，职业院校一般按利润最大化原则提供[①]。由此，建立职业院校的利润函数如下：

$$\max \pi = pY - C = pY - wL - rK - mA \tag{3.2}$$

其中，π 表示利润，p 表示职业教育产品的价格（即学费），L、K 和 A 分别表示职业院校的劳动、资本和质量要素投入量，w、r 和 m 分别是投入要素 L、K 和 A 的价格，Y 为在校学生数量，C 为投入的总成本，其中 $C = wL + rK + mA$。

要使利润最大化，有两条途径，即增加收入 pY 和降低总成本 C。对于 pY，一方面可以提高价格 P，一方面可以增加学生数量 Y。但是，这都不具有可行性，因为提高价格即学费教育主管部门不同意，学生和家长也不同意；增加学生数量要得到教育主管部门同意，难度较大。本书从第二条途径对职业院校最大化其利润进行分析，方法是把劳动和资本因素假设为常量，只把质量因素作为变量。对于总成本，劳动（L）和资本（K）对于职业教育是必不可少的因素，为了利润最大化，职业院校就只能在质量（A）方面做文章。学校之所以在质量方面做文章，是因为教育市场存在质量信息不对称。由于质量信息不对称，家长和学生不能确切地知道职业教育市场每一所职业院校的质量水平。因此，家长和学生将以预期平均

---

①　随着职业教育的市场化，虽然公立职业院校有政府的财政性投入，但却不能满足职业教育发展的需要，向学生收费就成为职业院校生存和发展的必然（详见第六章）。因此，本书把包括公立职业院校在内的所有职业教育院校当做企业，其运行的目标就是利润最大化。

质量来衡量每一所职业院校的质量水平和自己愿意支付的学费价格，从而做出教育投资决策，这大大降低了高质量职业教育的价值。而职业院校的学费标准由上级主管部门统一制定，采取单一价格，这意味着高质量职业教育的边际成本高于低质量职业教育的边际成本。因此，高质量职业院校在招生市场竞争中并不占优势，这会导致理性的高质量职业院校在一开始（即在时间0）就不会在教育质量方面加大投入，以降低成本、增加利润。这严重影响了职业教育的发展。由此，可得到：

[结论1] 由于质量信息不对称，导致在职业教育招生市场上，低质量职业院校与高质量职业院校争夺生源，消费者只能以平均质量定价，结果是"劣币驱逐良币"，职业教育的整体声誉受到很大负面影响，使来年考生对职业教育进行逆向选择，只有低素质考生进入职业院校，进而使职业教育质量更加下降，最终导致整个职业教育市场萎缩，使职业教育成为一个准柠檬产品，阻碍了职业教育健康发展，直接导致社会福利的损失。

对于结论1，质量信息不对称对社会福利所产生的直接损失是阿克洛夫所强调的，但对于高质量产品市场份额的相对缩小和整个市场产品质量水平的降低所间接导致的社会福利损失，还没有注意到。基于此，我们对下面的结论2进行论证分析。

[结论2] 职业教育质量信息不对称，会诱发职业院校的道德风险问题，导致职业院校教学质量方面的投入趋于萎缩，职业教育的质量进一步下降，生源越来越差，阻碍职业教育的健康发展，从而间接导致社会福利的损失。

职业教育较之普通教育具有自己的特殊性，要全面实施高质量的职业教育，必须建立在质量信息对称的基础上，否则，就会出现滥竽充数现象。当存在信息不对称时，由于学生和家长的逆向选择而导致高质量职业教育在竞争中并不占优势，理性的职业院校一开始就不会提供高质量的职业教育。因此，在时间0市场上就充斥着低质量职业教育。假设提供某种高质量职业教育的成本为 $q\eta_h Y$，提供某种低质量职业教育的成本为 $\eta_l Y$，$q\eta_h > \eta_l$ 但 $\eta_h < \eta_l$，这表明提供某种高质量职业教育的绝对成本高于提供某种低质量职业教育的成本，但单位质量的成本较低。一旦某种新的职业教育 $X(i)$ 提供出来，学校提供1单位高质量职业教育的边际成本 q 大

于提供 1 单位低质量职业教育的边际成本，学校自然会选择提供低质量职业教育。假设低质量职业教育的价格为 $P_l(i)$，数量为 $X_l(i)$，则学校的最大化利润为：

$$\max \int_0^{Al} \left[L_l^{1-\alpha} X_l(i)^{\alpha} - P_l(i) X_l(i) - L_l w \right] di \tag{3.3}$$

其中，$0 < \alpha < 1$，Al 表示低质量职业教育的种类数，w 表示工资水平。由利润最大化的一阶条件得到市场对低质量职业教育的需求：

$$X_l(i) = L_l (\alpha / P_l(i))^{1/(1-\alpha)} \tag{3.4}$$

进一步化简，可得：

$$X_l(i) = (\alpha / P_l(i))^{1/(1-\alpha)} \Sigma L_l = L (\alpha / P_l(i))^{1/(1-\alpha)} \tag{3.5}$$

由于提供 1 单位第 i 种低质量职业教育的边际成本为 1 单位 Y，所以，学校将通过选择第 i 种低质量职业教育的数量来最大化其利润，即：

$$\max(P_l(i) - 1) X_l(i) = \max(P_l(i) - 1) L (\alpha / P_l(i))^{1/(1-\alpha)} \tag{3.6}$$

由（3.6）式可得到第 i 种低质量职业教育的价格：

$$P_l(i) = P_l = 1/\alpha \tag{3.7}$$

把（3.7）式代入（3.5）式就可得到第 i 种低质量职业教育的市场需求量：

$$X_l(i) = X_l = L\alpha^{2/(1-\alpha)} \tag{3.8}$$

因此，在时间 t 提供任何一种低质量职业教育的利润均为：

$$\begin{aligned} \pi &= \int_t^{\infty} (P_l(i) - 1) X_l(i) e^{-\bar{r}(s,t)(s-t)} ds \\ &= L\left(\frac{1-\alpha}{\alpha}\right) \alpha^{\frac{2}{(1-\alpha)}} e^{-\bar{r}(s,t)(s-t)} \end{aligned} \tag{3.9}$$

其中，$\bar{r}(s, t) = \int_t^{\infty} r(u) du / (s - t)$ 表示时间 t 和 s 之间的平均利息率。该公式表明，只有当提供的低质量职业教育价格 P_l 超过其成本 1 时，学校才能通过获得的利润来弥补低质量职业教育的成本 η_l。如果能够自由进入职业教育市场，那么学校提供一种低质量职业教育的成本应该等于它能获得的利润，即：

$$\pi = L((1-\alpha)/\alpha) \alpha^{2/(1-\alpha)} e^{-\bar{r}(s,t)(s-t)} = \eta_l \tag{3.10}$$

由（3.10）式可得均衡利率为：

$$r_l = (L/\eta_l)((1-\alpha)/\alpha) \alpha^{2/(1-\alpha)} \tag{3.11}$$

因此，当职业教育市场达到均衡时，市场上就只存在低质量的职业教育，（3.1）式就变形为：

$$U = \int_t^\infty [C(t)^{1-\varepsilon} - 1/1 - \varepsilon] e^{-\rho t} dt \qquad (3.12)$$

由此，可得到最优的职业教育市场容量的增长率为：

$$g_e = \frac{r_l - \rho}{\varepsilon} \qquad (3.13)$$

把（3.11）代入（3.13）式，可得：

$$g_l = g_e = [(L/\eta_l)((1-\alpha)/\alpha)\alpha^{2/(1-\alpha)} - \rho]/\varepsilon \qquad (3.14)$$

根据（3.14）式，可得到职业教育市场存在质量信息不对称时的社会福利水平：

$$U_l = \frac{1}{1-\varepsilon}\left\{ [\eta_l(\varphi_l - g_l)A_l(0)]^{1-\varepsilon}/(\rho - (1-\varepsilon)g_l) - \frac{1}{\rho} \right\} \qquad (3.15)$$

其中，$\phi_l = (L/\eta_l)\alpha^{2\alpha/1-\alpha}(1-\alpha^2)$，$A_l$（0）表示在时间 0 时低质量职业教育的种类数。

下面依据相同思路，进一步讨论不存在质量信息不对称时的社会福利水平。与（3.14）式相同，可得到市场均衡时最优的职业教育市场容量增长率：

$$g_h = g_e = [(L/\eta_h)((1-\alpha)/\alpha)\alpha^{2/1-\alpha} - \rho]/\varepsilon \qquad (3.16)$$

根据假设 $\eta_h < \eta_l$，比较（3.14）式与（3.16）式可知：$g_h > g_l$。这说明，职业教育质量信息不对称，诱发了职业院校的道德风险，从而降低职业院校对提高教育质量的投入，阻碍了职业教育的发展，最终结果是缩小了职业教育的市场容量。据此，可得出职业教育质量信息对称时的社会福利总水平为：

$$U_h = \frac{1}{1-\varepsilon}\left\{ \frac{[(\eta_l + L\alpha^{\frac{2}{1-\alpha}})\eta_h(\varphi_h - g_h)A_l(0)/(\eta_h + L\alpha^{2/1-\alpha})]^{1-\varepsilon}}{\rho - (1-\varepsilon)g_h} - \frac{1}{\rho} \right\}$$

$$(3.17)$$

其中，$\phi_h = (L/\eta_h)\alpha^{2\alpha/1-\alpha}(1-\alpha^2)$。

用（3.17）式减去（3.15）式，可得：$U_h > U_l$。由该结果看出：当质量信息对称时，市场容量更大，社会福利水平更高。而质量信息不对称会造成职业院校自觉减少对提高教育质量的投入，职业教育发展过程中就会出现泡沫和虚假现象，从而对职业教育健康发展造成重大负面影响，间接导致社会福利的损失。

因此，能否有效地解决质量信息不对称对职业教育的健康发展至关重要。由于信息不对称阻碍职业教育的发展，进而影响经济发展和降低社会福利水平，社会会内生出一些制度安排来解决信息不对称问题，推动职业教育的健康发展。职业教育认证等制度的建立，首先是保证职业院校的教学质量，防止道德风险的措施，同时也是职业院校发送质量信息的手段。

（二）职业教育认证制度的建立对职业教育发展的重要性

质量信息不对称会使低质量产品将高质量产品逐出市场。为了在竞争中生存下来，生产高质量产品的厂商往往通过发送信号，例如做广告、质量认证等手段使其产品与低质量产品区分开来，从而解决信息不对称问题。同时，由于信息不对称会降低一国的经济增长率和社会福利水平，国家就会制定相应的制度来解决信息不对称问题。制定和实施相应的制度需要成本，政府需要向厂商征税；由于制定和实施相应的制度对整个社会有利，厂商也愿意交税。因此，追求社会福利最大化的政府就能够很好地完成制定和实施相应制度的任务。

质量认证是各国普遍采用的一种方法。该方法是通过认证标志向社会和消费者提供产品质量的明示担保，防止企业弄虚作假、粗制滥造。从20世纪20年代起，发达国家陆续采用产品质量认证制度，50年代工业发达国家已基本普及；发展中国家从70年代才开始推行产品质量认证制度。中国产品质量认证制度开展较晚，1978年加入国际标准化组织（ISO）后才引入质量认证概念，1991年《中华人民共和国产品认证管理条例》的颁布，标志着中国产品质量认证工作开始步入法制轨道。

由于ISO质量体系认证在质量管理中发挥越来越大的作用，发达国家非常重视教育管理的国际认证，美国1992年就有220所高等院校采用该标准。虽然国际上教育管理国际认证发展较快，但中国一直对此反应谨慎，教育行业至今尚未建立自己的认证机构，这对一个拥有70多万所学校、100多万名教师、在校生达2.3亿的教育大国而言，显然不相称。随着社会分工高度专业化，学校既是供方（提供教育服务产品），也是需方（需要优质生源），供需双方必须以完备的质量体系和信誉维系彼此关系。中国教育的市场化、产业化和国际化将不断成熟，教育"卖方市场"终将被"买方市场"取代，为了争取生存空间，学校间竞争将更加激烈。尤其是中国加入世界贸易组织后，中国教育机构与国外教育机构相互在对方办学或合作办学的机会将会更多，中国教育市场要面向国内、国际两个市场，竞争对手不仅有本国同行，还有国外强大竞争者。中国各级各类学校面临如何使国内外社会和受教育者承认、接受和信赖，争取更多生存空间的问题。实施教育质量国际认证，就可以提高教育质量控制能力，保障教育质量，从而争取更多的教育市场份额。

目前中国已有许多学校引进和实施了 ISO9000 质量认证体系，如江苏徐州机电工程高等职业技术学校 2003 年 9 月开始贯彻执行 ISO9001 质量管理标准，2004 年 7 月 28 日通过了 ISO9001 质量管理体系第三方审核认证；经过多年运行与持续改进，该校 ISO9001 质量管理体系的引入与运行获得成功。但就中国职业教育整体而言，职业院校引进和实施质量认证体系的现象还不够普遍。下面我们用理论模型来分析哪些因素会影响职业教育质量认证制度的制定和实施。

为便于分析，假设一国在开展职业教育之初就制定和实施了质量认证制度，且该制度能够完全解决质量信息不对称问题。这样，由上述（3.15）式与（3.17）式可知，制定和实施职业教育质量认证制度的收益为：

$$R = fA_l(0) \qquad (3.18)$$

其中，常数 f 与 ε 等有关。

由结论 2 的证明可知，高质量职业教育种类数是 $A_l(0)$ 的线性函数，并且高质量职业教育的产出数量是 $A_l(0)$ 的单调递增函数。显然，高质量职业教育的种类和数量越多，进行质量认证时需要投入的人力和物力就越多。据此，再假定制定和实施职业教育质量认证制度的成本为：

$$C = F + \phi A_l(0) \qquad (3.19)$$

其中，F 表示质量认证制度的制定成本，是固定成本；$\phi A_l(0)$ 表示质量认证制度的实施成本，为可变成本。由（3.18）式和（3.19）式可知，只有 $A_l(0)$ 满足（3.20）式时，一国才会制定和实施职业教育质量认证制度：

$$A_l(0) > \frac{F}{f - \phi} \qquad (3.20)$$

　　（3.20）式表明，只有高质量职业教育的种类和数量达到一定规模，制定和实施质量认证制度的收益才会高于成本，一国才会真正实施质量认证制度；反之，就不会制定质量认证制度或者即使制定了质量认证制度也不真正实施。

　　在中国教育事业发展过程中，由于种种原因，职业教育的发展严重滞后于高等教育，职业教育的规模和质量不能满足家庭（个人）的需求，不适应经济社会发展的需要。近几年，有些高职院校千方百计升格为普通本科学校；绝大多数高职院校是从中专或技工学校升格而成的，为争取生源，就向社会传递虚假信息，既损害了家长和学生的利益，也给自己带来了负面影响。因此，（3.20）式也可以在一定程度上解释中国为什么在职业教育领域一直不制定和实施质量认证制度。

　　信息不对称问题在经济、政治、军事诸领域均有涉及，理论界进行了卓有成效的相关研究。但对于职业教育领域的教育质量与家长和学生之间由信息不对称而产生的负面影响以及相应的解决策略，研究甚少。本书从家长和学生获得最大化效用出发，通过建立数学模型来分析质量信息不对称与职业教育发展的关系，结论表明：质量信息不对称会导致职业教育市场萎缩，阻碍职业教育健康发展，最终造成社会福利的损失。因此，能否有效解决职业教育的质量信息不对称问题，成为职业教育健康发展的关键所在。同时，由于信息不对称阻碍职业教育的发展，影响经济发展，从而降低了社会福利水平，社会会内生出一些制度安排（如质量认证制度）来解决职业教育的质量信息不对称问题。

　　目前，在中国职业教育的发展过程中，质量信息不对称现象非常普遍。近年来，因职业教育的质量信息不对称造成许多家庭教育投资失误而遭受重大损失的事件时有发生，这充分说明政府制定和实施职业教育质量认证制度的必要性和紧迫性。对学校来讲，通过质量认证，可向社会发送信号，说明其教育质量符合一定标准；对国家而言，质量认证制度是一项重要的解决质量信息不对称的制度，也是提高或保证职教质量的制度。因此，为适应经济快速发展和家庭对高质量职业教育的需要，政府应在健全相关法律法规的基础上，尽快制定并强化实施职业教育质量认证制度，尽量减少职业教育领域质量信息的不对称，促进职业教育的健康发展。

第四章 家庭教育投资行为分析

中国家庭具有重视教育投资的传统，但目前在家庭教育投资过程中出现了一些令人费解的现象：为什么大学生就业难而高等教育投资需求不减？为什么职教生就业率逐年上升而职业教育投资需求不旺？为什么市场机制不能对其进行有效调节？本章运用理论模型和计量模型对家庭教育投资行为进行分析，认为家庭对普通教育的偏好所导致的家庭对职业教育投资的不足，是技工长期短缺的微观原因。

第一节 家庭教育投资偏好

家庭教育投资是一项复杂的决策过程，不仅要考虑投资的收益率，进行教育投资与其他投资的比较，还受一定社会的民族文化传统及价值判断标准的影响。

一 中国家庭教育投资的偏好

在中国，大学以前学生个人的教育投资决策基本是由家长进行。家长对子女的教育投资决策既包含父母对子女的殷切期望，又浸透着自己未能实现的梦想。中国家庭进行教育投资尤其是高等教育投资的动机强烈，"家庭总动员"备战高考，几乎所有高中毕业生都参加了"高考大战"[①]，许多家庭尤其是农村和贫困家庭为了子女接受高等教育已到了忽略自己收入约束的地步[②]。尽管政府一再强调要实行素质教育，但现在中小学的应

---

① 近几年各地有些应届高中毕业生"弃考"，但所占比例很低。
② 甘肃会宁是个国家级贫困县，很多农村家庭把供孩子上大学看做摆脱贫困的主要出路。如今县城里有几个规模不小的"陪读村"，陪读家长已达数千人。

试教育依然如故，中小学生、学校和家长三方的目标非常一致而明确：把学生培养成"高考人才"。教育过程所具有的不可逆性（即教育型人力资本投资的不可撤回性）[①]，决定了教育投资决策准确的重要性。独生子女家庭对子女的受教育期望值普遍较高，76.7%的家长希望子女起码要读到大学，14.5%的家长希望子女能读到硕士、博士；非农户口独生子女家长对子女的教育期望值更高，86.2%的家长希望子女起码读到大学，48.1%的家长希望子女读到博士[②]。

中国家庭在对普通教育与职业教育的选择上，比较普遍的现象是忽视专业技能教育，偏爱普通教育，对职业教育的投资缺乏热情，这在教育投资能力相对充足的城市家庭尤为普遍，而教育投资能力有限的农村家庭也有这种倾向。来自中国青少年研究中心的"2005年中国中小学学习与生活状况调查"显示，52.3%的中学生认为"即使自己非常适合读职业学校，也不会选择职业学校"，49.8%的中学生认为"即使自己想去，父母也不会同意"，29.9%的中学生认为"职业学校毕业生收入比较低"，25.3%的中学生认为"职业学校毕业的学生进不了政府机关"，13.5%的中学生认为"只有成绩差的学生才去职业学校"，11.5%的中学生认为"学职业技术只能当工人，社会地位低"；调查显示社会各界对职业教育存在偏见的占56.3%[③]。

二　中国家庭教育投资偏好的主要表征

（一）　家庭教育投资需求两极分化

在农村或贫困地区，儿童在义务教育阶段辍学现象普遍，家长对子女接受义务制后教育的积极性不高；而在城市，家长对子女进行人力资本投资的需求强烈。造成这种局面的原因，虽然有家庭经济资源的问题，但更主要的原因在于，家庭教育投资需求在强制后教育阶段面临"前紧后松"的总体供给约束。具体来说，体现在中考录取比例低，而高考录取比例

---

① 人力资本投资的不可撤回性在专用性人力资本投资方面表现尤为显著。教育作为人力资本投资的主要途径，具有非常明显的层次性。一般来说，人们只有在接受了低层次教育后，才能接受高层次教育。因此高层次教育需要以低层次教育为基础。人们一旦投入某一专业或技能的学习与培训，由于沉没成本因素，就很难再转向其他专业或技术的学习。

② 潘金洪：《独生子女家庭人力资本投资风险分析》，《人口与经济》2007年第4期。

③ 《2005年中小学学习与生活状况调查》，《中国教育报》2005年11月17日第三版。

高。在中国城乡，家庭的教育投资需求必须通过各级学校的招生来实现，因此，各级学校的数量、规模和质量就成为人力资本投资的总体供给约束。如果假设所有初中毕业生均参加了中考，所有高中毕业生都参加高考且等于当年的高考报考人数，那么，我们可以发现，城乡初中毕业生升入普通高中学习的比例仅为30%左右，而高中毕业生升入大学的比例已超过50%。

（二）家庭普通教育投资存在过度迹象

教育投资过度是指某级教育过度而另一级教育不足或某类教育过度而另一类教育不足。中国家庭普通教育投资尤其是普通高等教育投资出现了过度迹象，主要体现在以下几个方面：

第一，家庭教育投资热点逐步向普通教育集中。20世纪80年代成人教育和职业教育作为一种成本低、方式灵的教育形式备受欢迎，但90年代后，成人教育与职业教育吸引力下降，招生出现困难，1988—1998年招生数年增长率有5年为负数；而同期普通高校招生数年均增长率为6.2%，1999年高校扩招，年增长率为47%[①]。

第二，较低层次学历招生数增长率趋缓，而高层次学历教育招生数增长率递增，考试竞争已从高考上推到考研（"第二高考"）。根据《中国教育事业统计年鉴》和《中国统计年鉴》历年数据可知，自1995年以后，中专和专科招生年增长率逐年下降，而本科和研究生招生年增长率则逐年上升。

第三，家庭在超出货币收入约束的条件下进行教育投资。高校自1996年实行全面交费制以来，学费价格逐年递增，与居民收入增长形成明显反差。全国高校生均学费已从1995年的800元上涨到2004年的5000元（新校区学费则为6000元）；而1997—2003年中国农民人均收入平均年增长4%[②]，城镇居民的收入每年增长8%。清华大学秦晖教授经过计算得出，按照2004年中国城镇与农村居民年平均纯收入水平供养一个大学生，城镇居民需4.2年纯收入，农民需要13.6年纯收入[③]。

第四，大学生就业难和用人单位人才高消费所带来的教育替代现象明

---

① 根据《中国教育事业统计年鉴》历年有关数据计算得出。
② 2009年农民人均纯收入首次突破5000元，实际增幅为6%。
③ 叶铁桥、邓靖：《并轨十年，中国高校学费涨落》，《中国青年报》2007年9月6日。

显。中国人力资本结构与产业结构、劳动力市场需求脱节，市场大量需要各级各类技工，而劳动力市场上却是大量本科生和研究生，结果是大学生面临的劳动力市场需求约束越来越严重，已连续几年出现大学毕业生供过于求的现象①，许多本科生去从事专科生或中学生就能胜任的工作。

（三）家庭职业教育投资需求不足

据中国社会调查所对北京、上海、哈尔滨、南京、武汉等城市的学生家长调查，77%的家长不愿意让子女在初中毕业后就接受职业教育，65%的家长认为职业教育比普通高等教育低一个档次。在一项最近公布的上海4000户入户调查报告中显示，仅有1%的人愿意做工人②。这说明在多数人心目中已形成这样一种印象：接受职业教育就是接受次等教育，上职业院校没有前途。因此，许多家庭尤其是富裕家庭宁愿支付高额学费让子女就读大学（特别是名牌大学）的独立学院，也不愿选择"淘汰机制"下的职业教育；而许多农村和贫困家庭的学生，初中毕业后宁愿进入社会也不愿意选择职业学校就读。

第二节　　家庭教育投资的理论分析

一　家庭教育投资的成本收益分析

现代人力资本理论继承了古典经济学的经济人假设，研究了人力资本投资的成本与收益之间的关系。下面我们对家庭教育投资进行成本收益分析。

（一）家庭教育投资成本收益分析的基本模型

贝克尔分析人力资本的形成时，着重分析了学校教育和在职培训投资成本与收益之间的关系。他认为，人力资本投资成本 K 包括接受教育所花费的直接成本 X，接受教育所放弃的工作收入 Y（称为间接成本或机会成本），保持健康所花费的成本 Z，迁移和收集信息的成本 C，即 $K = X +$

---

① 2009 年大学毕业生 611 万，截至 7 月 1 日统计，初次就业率为 68%，与上年持平；到 9 月 1 日，就业率仅为 74%；到 2009 年年底，高校毕业生就业率为 87%。

② 由建勋：《大力发展职业教育　破解"技工荒"难题》，《中国发展》2007 年第 3 期。

$Y + Z + C$，但在实际测算时 $K = X + Y$（后两项因较难统计而舍掉）。本书分析家庭教育投资时，也只考虑直接成本 X 和间接成本 Y。

家庭进行教育投资时，如果不存在不确定性因素的影响，其未来的就业和收入与其预期就相一致，但这只是一种理想状态。由于教育投资的周期比较长，现实情况是有许多不确定性因素影响家庭教育投资后的未来就业和收入情况，从而造成未来收益的不确定性，与其预期不一致，可能高于预期（设为 R_1），也可能低于预期（设为 R_2）。在这种情况下，我们运用期望理论对家庭教育投资进行成本收益分析。假设未来获得高收益 R_1 的概率为 p，低收益 R_2 的概率为 $1-p$，那么未来期望收益的折现值就为：

$$E(R) = \sum_{j=n+1}^{n+m} \frac{P_j R_{j1} + (1 - P_j) R_{j2}}{(1 + r)^j}$$

其中，P_j 是第 j 年获得收益 R_{j1} 的概率，$(1 - P_j)$ 为第 j 年获得收益 R_{j2} 的概率。由此可知，只有当 $X + Y \leq E(R)$ 时，家庭才会决定进行教育投资。

（二）教育的信号功能引起的预期收益分析

劳动力市场上高劳动生产率者和低劳动生产率者难以区分，劳动者对自己的能力比雇主更清楚，这是就业信息的不对称性。根据利润最大化原则，企业要雇用高劳动生产率者为其创造更多利润。企业普遍认为，受过更高教育的劳动者文化水平高、认知能力强、品质优秀、善于学习和掌握新技术。所以，受教育程度的高低成为企业判断劳动者生产率高低的信号。企业愿意雇用并支付较高工资给高学历者，对低学历者则相反，由此造成了中国劳动力市场的进一步分割。为向雇主表明自己是高劳动生产率者，人们更有动力投资于普通高等教育而不是职业院校。有的学生考取一般本科院校后宁愿复读考名校和持续多年的"考研热"[①] 就是最好例证。

年龄—工资收入曲线[②]（图4.1中，横轴表示年龄，纵轴表示年劳动收入，横轴以下部分表示负收入，代表投资成本）较为直观地解释了教育投资与收益之间的关系：受教育程度越高，工资收入水平也越高。从曲线图可以看出，投资成本越大即受教育程度越高，所获投资回报越高

---

① 2010年报考硕士研究生的人数达140多万人，再创新高。
② 明塞尔最早论述了这一曲线模型，贝克尔对这一模型进行了全面细致的加工，形成了缜密的理论模型。

（以曲线的高低陡峭程度表示），即本科以下毕业生的收入曲线最为平滑，博士的收入曲线最为陡峭。对高等教育投资收益相对较高的预期，使家庭更有激励让子女接受普通高等教育获取高学历，而不愿意让子女接受学历层次较低的职业教育。

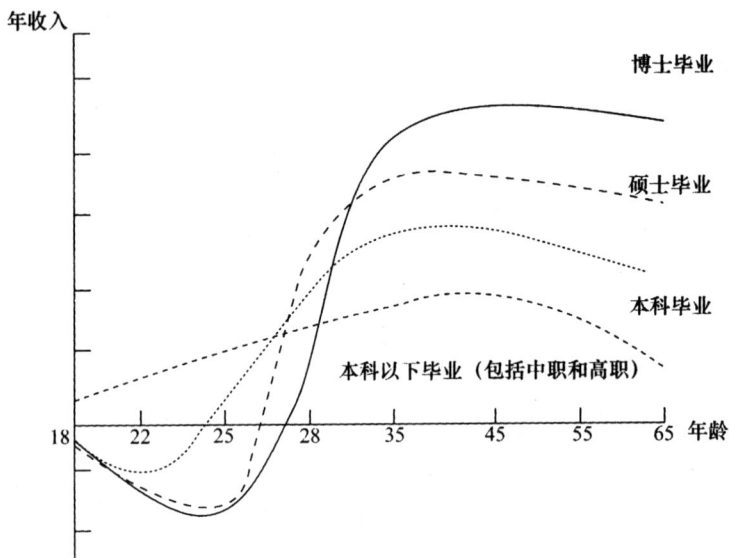

图4.1　年龄—工资收入曲线

（三）中国家庭教育投资偏好的成本收益分析：普高 VS 中职①

在中国家庭教育投资偏好普通教育的背后，既有传统观念的影响，也有强烈的经济诱因，我们以普高 VS 中职为例，对家庭教育投资偏好进行成本收益分析。

1. 家庭投资中职与投资普高的成本比较

教育成本是计量教育投资经济效益的前提条件。家庭在选择各类教育时首先要考虑教育投资的成本问题。因此，通过比较中等职业教育与普通高中教育的投资成本，找出两种教育的成本差别，对研究影响家庭投资中

---

① 杭永宝：《职业教育的经济发展贡献和成本收益问题研究》，南京农业大学，2006 年。

等职业教育积极性的因素具有重要意义。在比较两类教育的成本时，假定某学生的成绩既可上普高，也可上中职，家庭拥有选择的自由。我们构建家庭在高中阶段教育种类选择的成本函数为：

选择普高的成本函数：$C_{普高} = C_1 + C_2 + C_3 = f_1(h,m,f) + f_2(o) + f_3(p)$
$$(1)$$

选择中职的成本函数：$C_{中职} = C_1 + C_2 + C_3 = f_1(h,m,f) + f_2(o) + f_3(p)$
$$(2)$$

其中，C_1 为直接成本，由所消耗的人力 h、物力 m 和财力 f 所决定；C_2 为机会成本；C_3 为心理成本，是指选择了某一类型教育所受到的舆论责备或赞扬、价值的肯定或否定等。家庭选择普高与选择中职的成本函数值的比较如下：

第一，直接成本。假定两者所花费的人力成本和物力成本相等。由于中职在教学设施、实验设备上花费的成本相对普高要高许多，所以中职学生在学费及其他实验、实习费用上的花费也相对高于普高学生。因此，$C_{1中职} > C_{1普高}$。

第二，机会成本。两者的机会成本相等，即 $C_{2普高} = C_{2中职}$。

第三，心理成本。家庭在进行教育投资决策时，除了考虑经济因素外，社会文化等非经济因素是影响家庭教育投资选择偏好的另一个重要因素。中国家庭受传统文化的长期影响，倾向于肯定、认同能够进一步获得高学历的普通高中教育。这与现实生活中的情况是吻合的：社会一般认为读普通高中的学生更有前途，中职生的发展前景不如高中生。所以，选择普高的心理成本比选择中职的心理成本要低，$C_{3中职} > C_{3普高}$。综上可知，选择中职的成本要大于选择普高的成本，即 $C_{中职} > C_{普高}$。

2. 家庭投资中职与投资普高的收益比较

我们假定家庭投资普通高中教育的目的就是接受高等教育。为了实现教育投资收益的最大化，家庭在对何种教育做出选择时不但要考虑成本问题，更重要的是要考虑预期收益。预期收益越低，投资积极性越低；预期收益越高，投资积极性越高。虽然经济收益仍是目前家庭教育投资的主要目的，但不可否认，非经济性收益在家庭进行教育投资决策时也有不可忽视的重要作用。人是"经济人"，也是"社会人"，人的各种经济行为必然受到社会因素的影响，因此构建家庭在高中阶段教育种类选择的收益函数为：

选择普高的收益函数：$R_{普高} = R_1 + R_2 = f_1(u, e, i) + f_2(s)$　　　　　（3）

选择中职的收益函数：$R_{中职} = R_1 + R_2 = f_1(u, e, i) + f_2(s)$　　　　　（4）

其中，R_1 为预期经济收益，R_2 为预期非经济收益；u 表示考上大学的概率，e 表示预期就业机会，i 为预期收入水平，s 表示发展空间即自我实现的程度。在给定家庭能够支付学费的前提下，每个家庭交费上学时便会计算预期收益，这种收益是以考上大学的概率 u、预期就业机会 e、预期收入水平 i 和自我实现程度 s 来综合衡量的。因此，只要对以上函数值进行比较，就可以解释家庭教育投资的选择行为。家庭选择普高与选择中职的收益函数值的比较如下：

首先，考察上大学的概率 u。1999 年开始的持续扩招使中国高等教育已经由精英教育发展到大众化教育，2010 年大学毛入学率将达到 25%，这意味着高中生有更大的概率考上大学，即使第一次考不上，复读考上的可能性也很大。而中职生升学渠道不畅，高考能力不如高中生，考上大学的概率比高中生要小得多。因此，普通高中教育备受社会青睐，家庭对优质普通高中教育资源的需求越来越大，中考竞争越来越激烈，出现了"中考比高考难"现象；如果子女没有考取重点高中，家长想方设法宁愿花钱也要上。而接受中等职业教育成了那些子女没有考取普高又无法通过其他途经让子女上普通高中的家庭的无奈选择。

其次，从预期就业机会 e 来分析。目前中国人才高消费现象比较严重，随着劳动力市场的调整，情况有所改观，而且近几年与大学生就业难形成对比的是中职毕业生的就业率逐渐上升。但是，由于人们认识能力的有限性，环境的不确定性和复杂性，信息的不完全性和不对称性，以及社会观念的影响，家庭更倾向按自己的习惯认识进行教育投资决策。因此，在人才高消费已成为强势观念的社会心理环境作用下，由于普高有更高的升学率，家庭在判断预期就业机会时，就倾向于认为选择普高子女将来会有更好的就业机会。

再次，分析预期收入水平 i。从某种意义上说，家庭（个人）是否接受职业教育是在各级各类教育的工资报酬流之间做出选择的结果。虽然目前劳动力市场上技工工资有所上涨，但从图 4.2 三种教育毕业生的工资报酬流对比中，我们看到，高中生的工资报酬流 A 开始出现得很快，但却不可能上升得很高；中职生的工资报酬流 B 和大学生的工资报酬流 C 在

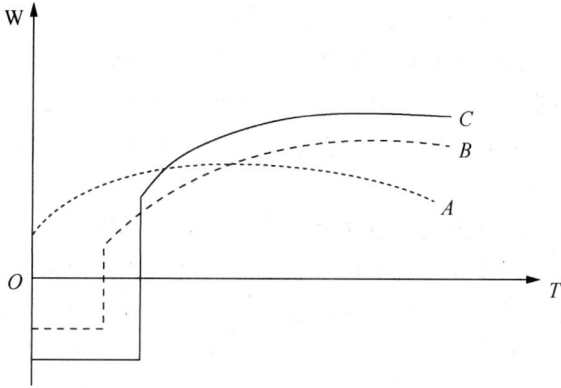

图 4.2 三种教育毕业生的工资报酬流对比

开始时只有负收入流（即上学的成本），接着二者要经历一个比高中生的工资还要低的时期，然后它们就会上升并超过工资报酬流 A，但两者的区别是中职生的工资报酬流 B 要低于大学生的工资报酬流 C，而 B 的收益时间要比 C 略长。由于大学毕业生的工资报酬超过中职毕业生的工资报酬，职业教育相对于大学教育来说对家庭就没有足够吸引力。至于非货币收益，诸如社会地位、职业荣誉感、工作环境、发展前景等方面的差异就更大了。这直接导致了家庭在决定子女接受何种教育时，瞄准的是普通高等教育而不是职业教育。

最后，探讨家庭教育投资的非经济收益 $[R_2 = f_2(s)]$ 对家庭教育投资选择的影响。就当前社会现实来看，高学历往往和高待遇、高社会地位、优越的工作环境和良好的发展前景联系在一起。因此，家庭普遍认为选择普通高中继而接受高等教育的预期发展空间即自我实现程度要比选择中职大得多。事实上，目前部分中职毕业生不仅收入较低，而且工作环境恶劣，人身安全没有保障（如电焊工、车床操作工等），使得中职的就业市场缺乏吸引力，这也是为什么家长选择教育类型时希望子女选择普高而不选择中职的重要原因。

综合上述分析可知，因为 $R_{1普高} > R_{1中职}$，且 $R_{2普高} > R_{2中职}$，所以，家庭投资普高再进一步投资高等教育的收益明显高于投资中职的收益，即 $R_{普高} > R_{中职}$。

在家庭具有选择教育类型自由的情况下，由于 $C_{中职} > C_{普高}$、$R_{普高} > R_{中职}$，即选择中职的成本比选择普高的成本要大而收益要小，在进行教育投资决策时选择普高，是家庭在社会特定的制度环境约束下进行理性选择的结果。因此，我们可以认为，在普高与中职的教育信号竞争中，中职由于家庭投资中职的激励受到其成本收益的影响而处于劣势地位。

二　家庭教育投资过程中家庭与教育机构的博弈分析

在对家庭教育投资进行了成本收益分析之后，为使家庭教育投资分析更加明朗而贴近现实，我们对家庭教育投资过程中家庭与教育机构的关系进行博弈分析。为了分析的简洁，我们只研究家庭与职业教育机构之间的博弈，并假定在职业教育市场上只有一所职业院校提供教育产品，每个家庭只购买一次，并且每个阶段只有一个家庭。在博弈的每一个阶段，家庭决定是否购买，职业院校选择提供高质量教育产品还是低质量教育产品。家庭在购买时并不知道自己购买的教育产品的质量，但知道所有之前家庭购买的教育产品的质量。如果家庭不购买，其效用为 0；如果购买到高质量的教育产品，其效用为 +1；如果购买到低质量的教育产品，其效用为 -1。职业院校提供高质量教育产品的利润是 +1，提供低质量教育产品的利润是 +2。表 4.1 是阶段博弈的支付矩阵。

表 4.1　　　　　　　　　**家庭教育投资与职业教育质量博弈**

		职业院校	
		高质量	低质量
家庭	购买	1，1	-1，2
	不购买	0，0	0，0

在一次性博弈中，唯一的纳什均衡是（不购买，低质量）。但在无限次重复博弈中，如果职业院校的贴现因子 $\delta \geq \frac{1}{2}$，下列战略组合是一个子博弈精炼纳什均衡：职业院校从生产高质量的教育产品开始；继续生产高质量的教育产品，除非曾经生产过低质量的教育产品；如果上一次生产了低质量的教育产品，之后就永远生产低质量的教育产品。第一个家庭选择购买；只要职业院校不曾生产过低质量的教育产品，随后的家庭就继续购

买；如果职业院校曾经生产过低质量的教育产品，之后的家庭将不再购买。均衡结果是（购买，高质量），每个家庭得到 1 单位的效用，职业院校得到 1 单位的平均利润。

首先看职业院校的战略是最优的。给定家庭的战略，如果职业院校生产低质量的教育产品，得到 2 单位的短期利润，但之后每阶段的利润为 0，因为不再有家庭购买其产品；如果总是生产高质量的教育产品，每阶段得到 1 单位的利润，贴现值为 $\frac{1}{(1-\delta)}$。因此，如果 $2 \leqslant \frac{1}{(1-\delta)}$，即 $\delta \geqslant \frac{1}{2}$，职业院校就不会生产低质量的教育产品。直观地讲，职业院校之所以不会生产低质量的教育产品，是因为害怕失去消费者。如果一旦生产过低质量的教育产品，"破罐子破摔"（即永远生产低质量的教育产品）也是最优的，因为不再有家庭来购买。

再看家庭方面，假定 $\delta \geqslant \frac{1}{2}$。因为每个家庭只关心一阶段的支付，当且仅当家庭预期教育产品是高质量时，才会购买；因为家庭预期不曾生产过低质量教育产品的职业院校将继续提供高质量产品，所以选择购买是最优的；如果职业院校曾经生产过低质量产品，家庭预期职业院校将继续生产低质量教育产品（因为职业教育质量在短期内是很难提高的），所以不购买是最优的。

当然，"家庭永远不购买，职业院校总是生产低质量的教育产品"也是一个精炼纳什均衡。这个均衡尽管看起来不合理，但这种情况现实中可能会发生。正如笔者在第三章所论述的那样，中国政府一直重视普通教育而忽视职业教育，致使普通教育与职业教育不能协调发展，职业教育发展的滞后使其不能满足家庭或个人对高质量职业教育的需求，长此以往，不选择职业教育就成为家庭教育投资的最优决策。所以，这个简单的博弈模型可以解释为什么中国家庭偏好普通教育而不太信赖职业教育。

三　家庭教育投资的最优决策分析

家庭对子女进行教育投资的目的是为了积累子女的人力资本，增加其未来收益，进而实现子女终生福利的最大化，同时也实现自己的效用最大化。另外，每个家庭在每一时期所拥有的资源（包括货币收入与时间）

是一定的，从而是有限的。因此，家庭对于教育投资便有一个选择和最优化问题。我们可以运用不同的方法来研究这一问题，本书采用最常见的等边际原理。

作为人力资本投资的教育属于家庭储蓄的一种形式，其功能在于未来的资产增值和收益。一般来说，家庭的总资产需要用于多个方面，包括日常消费、物质资本的积累、金融资本的积累以及人力资本的积累等。根据经济学的边际原理，一个家庭的可支配收入只有配置到这样的程度，即使得它在每一种用途上所带来的边际收益相等时，才能够实现总效用的最大化；就教育投资来说，这就意味着教育投资的未来边际收益率等于当前消费的边际效用。在家庭的教育投资数量既定的情况下，教育投资还有一个教育类型选择的问题：是选择普通教育还是职业教育。家庭均衡的或最优的教育投资决策应当是追加一单位（如一年）的职业教育所增加的边际效用等于追加一单位的普通教育所获得的边际效用。这可以用无差异曲线来刻画（见图4.3）。

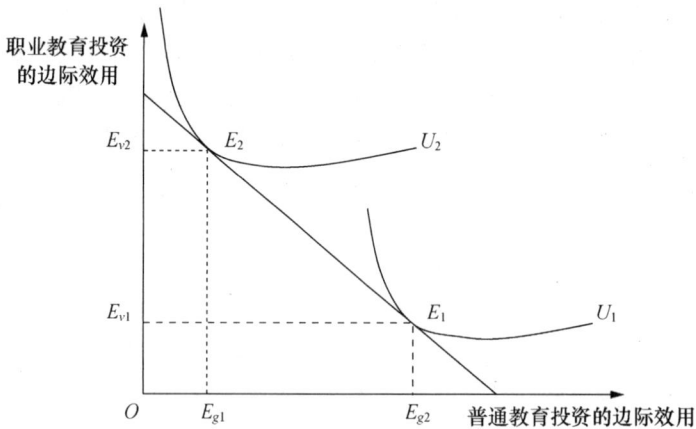

图4.3　家庭教育投资的无差异曲线分析

给定家庭的教育投资预算约束，其实际教育投资类型的需求量取决于其时间偏好率，即无差异曲线的形状。如果家庭的时间偏好率较低，表明更加注重长期投资行为，如同 U_2 曲线所示，那么其均衡的教育投资决策就是职业教育投资数量较多；反之，如果家庭的时间偏好率较高，如同 U_1 曲线所示，那么其最优的教育投资决策就是普通教育的投资数量较多。

第三节 高等教育扩张下的家庭教育投资行为分析

一 中国高等教育的扩张及其影响

20 世纪 90 年代末，中国高等教育开始了大规模扩招。1999—2003 年，普通高校招生人数平均年增长率达到 27%，2003 年普通高校的招生人数是 1998 年的 3.5 倍，在校生人数是 1998 年的 2.7 倍，这种扩招速度在全世界也是罕见的。

高校扩招对学生具有双重影响：教育费用上涨和学习成本下降；而后一种影响主要源于高等教育毛入学率提高所导致的大学门槛的降低，亦即上大学比以前更容易。这里的学习成本与人力资本理论中的教育成本不同，它不是可货币化的直接成本或间接成本（机会成本），而是教育成本中不可货币化的那一部分成本，包括学习中消耗的时间、体力、精力等，其实质是一种努力成本。这种学习成本虽然无法货币化，但在智力水平以及学习方法相同的情况下，可以将学习时间的长短作为一个近似的代理指标。如果其他条件不变，一个学生考入同样一所大学所需要付出的努力和花费的学习时间无疑会随着招生规模的扩大而降低，或者在同样努力的情况下可以考入更好的大学。这也就是说，由于高等教育的扩招，学生迈入高等教育门槛的努力成本降低了。

根据上述高校扩招对学生的影响，特别是高等教育由严进宽出向宽进宽出的转变，我们可以推断出，这种扩张使三种能力学生群体的学习成本都下降了：能力差的上专科院校或者差一点的大学变得容易了，能力一般的上普通大学接着读研究生比以前容易了，能力强的读重点大学进而读硕士博士变得容易了。因此，由于高等教育的两个阶段（本科和研究生）同时扩张，各种不同能力学生群体的学习成本都下降了。

二　高校扩张对家庭教育投资影响的信号模型分析①

根据斯彭斯的劳动力市场信号模型②，每个人获取教育的成本不同，这与个人能力有关，能力越强，教育成本越低。教育只是个人能力的信号，是解决劳动力市场信息不对称的一种手段，并不会提高个人劳动生产率。当学习成本下降时，原来劳动力市场分离均衡的条件被破坏，雇主无法通过文凭来对个人能力加以判断，此时，高能力群体为了让自己在劳动力市场上被正确地识别出来，就必须接受更高教育。同扩张前相比，为了实现分离均衡，家长和学生需要将更多资源用于教育，教育的实际投资水平距离先前有效率的教育水平越来越远，出现了对教育的过度投资。下面我们通过建立模型来分析高校扩张对家庭教育投资的影响。

(一)　模型的基本假设

在斯彭斯简单信号模型中，人的能力是不同的，生产率也不同，但企业无法直接识别这种生产率差异；教育不会提高劳动生产率，生产率与个人受教育成本负相关，所以能力高的人教育成本低，进而会接受更高教育，企业只能通过个人的教育水平来间接地判断其劳动能力。我们把当前劳动力市场上的毕业生按教育程度分为三类：大学以下、大学本科和研究生，各占总体的比重分别为 p、$(1-p)q$ 和 $(1-p)(1-q)$。他们的市场工资由边际生产率决定，假设他们的生产率分别为 1、2、3，那么企业愿意为他们支付的工资也是 1、2、3。

我们把能力低、中、高三类学生的学习成本函数构造为：

$$\begin{cases} C(e) = a_l(e) \\ C(e) = a_m(e) \\ C(e) = a_h(e) \end{cases}，l、m、h 分别代表能力低、中、高的学生，且 a_l$$

>0、$a_m>0$、$a_h>0$，$a_l>a_m>a_h$，$C(e)>0$。这样，个人总收益就可以表示为：$w-C(e)$。企业相信存在这样两个教育门槛水平 e_1^*、e_2^*（$e_1^*<e_2^*$），如果一个毕业生的教育程度 $e<e_1^*$，他就属于低生产率的人，其生

①　谷宏伟：《高等教育扩张与教育投资过度：基于信号理论的视角》，《财经问题研究》2009 年第 9 期。

②　Spence, M., *Market Signaling*: *Informational Transfer in Hiring and Related Screening Processes* [M]. Harvard University Press, 1974.

产率为 1，受生产率决定的工资也为 1；若 $e_1^* < e < e_2^*$，他就属于中等生产率的人，其生产率为 2，受生产率决定的工资也为 2；若 $e > e_2^*$，他就属于高生产率的人，其劳动生产率为 3，工资也为 3。注意，由于教育只起到信号作用，如果劳动力市场上企业和毕业生有关个人能力的信息是对称的，各不同能力群体就都不会出于发送信号的目的而接受教育，均衡的教育水平都为 0，这也是完全信息下的帕累托最优教育水平，教育成本也是 0。因此，各群体的净收入为：

$$R\begin{cases} 3，能力高的学生 \\ 2，能力中等的学生 \\ 1，能力低的学生 \end{cases}$$

信号理论是以劳动力市场信息不对称为前提的，下面我们分析当企业和毕业生之间信息不对称时的均衡情况。

（二）无信号均衡：混同均衡

各群体都不发送文凭信号，或者学习成本过低造成不同群体发送同样的文凭信号，企业无法通过文凭来识别个人的劳动生产率，只能按照期望生产率来支付工资，且每个群体都获得相同的收益，即：

$$E [p \times 1 + (1-p) q \times 2 + (1-p)(1-q) \times 3] = 3 - 2p - q(1-p)$$

由于 $3 - 2p - q(1-p) < 3$，所以高能力群体在混同均衡的情况下收益下降了。特别是当高能力群体所占的比重小于低能力群体的比重时，有 $3 - 2p - q(1-p) < 2$，则中等能力群体的收益也因为劳动力市场信息不对称而下降了。又因为 $3 - 2p - q(1-p) > 1$，所以，此时低能力群体的收入增加了。另外，当 $3 - 2p - q(1-p) < 2$ 时，有 $[3 - 2p - q(1-p)] \times 3 + 2 + 1$。也就是说，信息不完全的结果是毕业生作为一个整体的收入水平下降，共损失了 $3 \times [p - (1-p)(1-q)]$。其中，高能力群体损失 $2p + q(1-p)$，中能力群体损失 $p - (1-p)(1-q)$，而低能力群体增加 $(1-p)(2-p)$。

综上所述，尽管 3 类群体的生产率不同，但在混同均衡时，如果各个群体不发送文凭信号，他们会获得相同的工资。收入上的这种变化既包括收入的再分配，也包括收入的净损失。收入的再分配是指高、中等生产率者收入的一部分转移到了低生产率者手中，其实质是高能力者补贴低能力者。更进一步，只要教育的成本低到一定程度，低能力群体就有模仿中、高能力群体教育投资行为的激励；如果 $(1-p)(1-q)>p$，那么中等能力群体也有动力模仿高能力群体的教育投资行为。收入的净损失是指，毕业生作为一个整体，其收入总和会因为信息不对称而减少 $3 \times [p-(1-p)(1-q)]$。

（三）发送信号均衡：分离均衡

学习成本与个人能力负相关，在发送文凭信号情况下，不同能力学生的学习成本不同，最优选择也不同。对低能力学生而言，不发送文凭信号是最优选择，好过发送本科和研究生文凭信号的情形；对于中等能力学生，发送本科文凭信号是最优选择，胜过不发送信号以及发送研究生文凭信号；对于高能力学生，发送研究生文凭信号是最优选择，强于不发送文凭信号以及只发送本科文凭信号。基于这样的判断，其均衡条件可以整理为：

对低能力学生：
$$\begin{cases} 1-a_l(0) > 2-a_l(e_1^*) \\ 1-a_l(0) > 3-a_l(e_2^*) \end{cases}$$

对中等能力学生：
$$\begin{cases} 2-a_m(e_1^*) > 1-a_m(0) \\ 2-a_m(e_1^*) > 3-a_m(e_2^*) \end{cases}$$

对高能力学生：
$$\begin{cases} 3-a_h(e_2^*) > 1-a_h(0) \\ 3-a_h(e_2^*) > 2-a_h(e_1^*) \end{cases}$$

解得：
$$\begin{cases} \dfrac{1}{a_l} < e_1^* < \dfrac{1}{a_m} \\ \dfrac{2}{a_l} < e_2^* < \dfrac{2}{a_h} \\ \dfrac{1}{a_m} < e_2^* - e_1^* < \dfrac{1}{a_h} \end{cases}$$

此时，持有各种学历毕业生的净收入分别是：
$$\begin{cases} R_l = 1 \\ R_m = 2-a_m(e_1^*) \\ R_h = 3-a_h(e_2^*) \end{cases}$$

这即是说，只要教育门槛水平 e_1^*、e_2^* 满足上述条件，中、高能力学生选择的教育水平略高于 e_1^*、e_2^*，即可分离出三类学生群体。e_1^*、e_2^* 也是这种情况下有效率的教育水平，中、高能力学生实际选择的教育水平离他们越近越有效率，越远就越没有效率。不过，如果让中、高能力学生在发送信号的情况下总收益增加，p 和 q 还要满足下列条件：

$$\begin{cases} 3 - a_h \ (e_2^*) \ > 3 - 2p - q + pq \\ 2 - a_m \ (e_1^*) \ > 3 - 2p - q + pq \end{cases}$$

经计算得：$p - (1-p) \ (1-q) > \dfrac{a_m}{a_l}$。其中，$p$ 和 $(1-p) \ (1-q)$ 分别代表低、高能力学生占学生总人数的比重，a_l、a_m 是低、中能力学生的边际学习成本。需要注意的是，上面式子包含着高能力学生的比重必然要低于低能力学生的比重这一事实；一旦高能力学生的比重更高，上述条件必然不成立，那么发送信号的均衡就不是他们的最优选择了。因此，高能力学生的比重要足够低，而低能力学生的比重要足够高，以使两者比重之差大于中、低能力学生的边际学习成本之比，中、高能力学生发送文凭信号才是最优选择，劳动力市场的分离均衡才能实现。

三　高校扩张对家庭教育投资影响的均衡分析[①]

（一）高校扩张对家庭教育投资影响均衡分析的理论模型

由于高校扩张的实质是一种宽进宽出式的扩张，其结果是所有学生的学习成本都下降了。假设学习成本都下降了 k 倍（$k > 1$），则学生的学习成本函数变为：
$$\begin{cases} C \ (e) \ = a_l \ (e/k)，能力低的学生 \\ C \ (e) \ = a_m \ (e/k)，能力中等的学生 \\ C \ (e) \ = a_h \ (e/k)，能力高的学生 \end{cases}$$

均衡条件也发生了相应变化，根据与前文同样的思路，只要教育水平 e_1^*、e_2^* 满足下述条件，且中、高能力学生的教育选择略高于 e_1^*、e_2^*，即可分离出三类学生群体：
$$\begin{cases} \dfrac{k}{a_l} < e_1^* < \dfrac{k}{a_m} \\[2mm] \dfrac{2k}{a_l} < e_2^* < \dfrac{2k}{a_h} \\[2mm] \dfrac{k}{a_m} < e_2^* - e_1^* < \dfrac{k}{a_h} \end{cases}$$

---

① 谷宏伟：《高等教育扩张与教育投资过度：基于信号理论的视角》，《财经问题研究》2009 年第 9 期。

此时，持有各种学历毕业生的净收益分别是：
$$\begin{cases} R_l = 1 \\ R_m = 2 - a_m \ (e_1^* / k) \\ R_h = 3 - a_h \ (e_2^* / k) \end{cases}$$

在这里，由于 e_1^*、e_2^* 的取值范围也增加了 k 倍，所以此时各不同学历毕业生的净收入与扩张前相同。而且，让中、高能力学生在发送信号的情况下总收益增加，p 和 q 满足的条件变为：

$$p - (1-p)(1-q) > \frac{k \cdot a_m}{a_l}$$

与扩张前的均衡条件相比，由于 $k > 1$，所以高校扩张之后，如果让中、高能力学生继续选择发送文凭信号，那么低、高能力学生所占的比重必须进一步拉大。而且从有效的教育门槛水平 e_1^*、e_2^* 来看，它们将在一个更大的范围内取值（值域的上下限都提高了 k 倍），也就是说，为了发送文凭信号，中、高能力学生必须选择更高的教育程度。

在学习成本下降之后，发生分离均衡的 e_1^*、e_2^* 的值变大了，也就是说，在高等教育扩张之后，由于学习成本下降，中、高能力学生要想使自己有别于低能力学生，必须选择更高的教育水平，进一步增加自己的教育投资，于是，出现了教育领域的过度教育（Overeducation）现象。能力高的学生选择更多的教育仅仅是为了使自己有别于能力低的学生，扩张后的均衡教育水平离之前有效率的教育水平越来越远，资源浪费现象也越来越严重。

（二）该模型的数据验证

1998—2005 年中国高等教育毛入学率以及普通高等学校毕业生升学率如表 4.2 所示，表中最右边的一列计算了在 p、q 取不同数值时，中、高能力学生选择发送文凭信号的条件，也就是上式的左半部分。有了这些数值，只要给出相应的 k、a_l 和 a_m，就可以计算出右边部分，两边比较，如果满足 $2p + q(1-p) > \dfrac{k \cdot a_m}{a_l} + 1$，则中、高能力学生选择继续接受教育发送文凭信号是理性的，这时发送信号总收益会增加；反之，如果上式不成立，则不发送文凭信号是理性的。

1999 年高校扩招前，全国高校毛入学率约为 10%，研究生入学率约为9%，则 p = 90%、q = 91%，代入分离均衡的条件得：$0.89 > \dfrac{a_m}{a_l}$。即中、低能力学生之比要小于 0.89；在总体中，中等能力学生的比重必须小于低能力学生的比重，分离均衡才能实现。

表 4.2   **高等教育 1、2 阶段扩招后的入学率**   单位:%

年份	高等教育毛入学率（1 - p）	普通高等学校毕业生研究生入学率（1 - q）	2p + q（1 - p）
1998	9.8	8.7	1.89
1999	10.5	10.88	1.88
2000	11.3	13.53	1.87
2001	13.5	15.94	1.84
2002	15	15.2	1.83
2003	17	14.33	1.81
2004	19	11.42	1.79
2005	21	10.1	1.77
2010	25	15	1.71
2040	40	15	1.54

注：表中 2010 年、2040 年的数据是中国高等教育发展的目标之一。

资料来源：根据《新中国五十年统计资料汇编》和教育部近几年《中国教育事业发展状况公告》相关数据计算得出。

高校开始扩招之后，学生的学习成本下降了，体现在 k 上，这可以通过学习时间的变化来估计学习成本的变化。但在这里，假设学生的能力乃至学习成绩为均匀分布，在不考虑其他变量的情况下，可根据升学率的变化来近似地估计 k 的变化。如 2004 年，高等教育的毛入学率为 19%，与 1998 年相比，可以认为毛入学率上升了 1 倍，也就是学生的学习成本下降了 1 倍，所以得到 $k \approx 2$（这里不考虑研究生扩招的情况）。将 $p = 81\%$、$q = 89\%$ 代入公式 $2p + q（1 - p） > \dfrac{k \cdot a_m}{a_l} + 1$，得到 $0.4 > \dfrac{a_m}{a_l}$，即扩招之后，如果要实现分离均衡，与低能力学生相比，中等能力学生的人数必须更少。否则，混同均衡是最优的，也就是不发送文凭信号才是中、高能力学生的最优选择。

从上面计算可以看出，随着高校扩招，高等教育的毛入学率持续上升，k 值就会越大，而 $2p + q(1 - p)$ 的值就会越来越小，分离均衡的条件 $2p + q(1 - p) > \dfrac{k \cdot a_m}{a_l} + 1$ 也就越来越难以满足。如果上述条件被违背，混同均衡就是最优选择，这时中、高能力学生选择发送文凭信号不如不发送信号时的收益大，上大学和上研究生并不是最好的选择。中国高等教育下一步的发展目标之一是在 2010 年和 2040 年使高等教育的毛入学率分别达到 25% 和 40%，假设当时的研究生入学率维持在 15% 不变，则根据 $2p + q(1 - p)$ 计算出来的结果分别是 1.71 和 1.54。因此，要想使中、高能力学生发送信号时收益增加，则 $\dfrac{a_m}{a_l}$ 必须分别小于 0.71 和 0.54。如前所述，只要估计出 k、a_l、a_m 的数值，我们就可以判断扩招情形下，中、高能力学生选择上大学和研究生是否理性。

上述分析表明，高校扩张后，引发了家庭普通教育投资过度。高能力学生为了在劳动力市场上与低能力学生分开，必须进行更多的教育投资，而这种投资仅仅是为了发送信号，而并非出于对科学研究的热爱。于是，研究生入学考试开始高考化，研究生教育本科化，成为本科教育的大 5、大 6。与扩张前相比，分离均衡要求的教育投资更多，这是一种无效率的投资行为，目的仅仅是让自己能够被识别，而与个人能力和生产率的提高无关。

高校扩张也引发了企业人才高消费，企业为了能雇到合适的人才就不得不提高学历门槛，普通岗位也要本科生甚至研究生。此外，出于对信号质量的要求，企业就会寻求一些额外信息（如毕业学校声望、外语和计算机等相关证书、在校期间获奖情况等），结果是学生为了考证而忽视了对专业课的学习。

一国教育投资的数量和结构要与经济发展的实际状况相适应。高校扩张进一步激发了中国家庭对子女进行普通教育投资的热情，从而导致了家庭对职业教育的投资更加不足，其最终结果是目前中国劳动力市场上技工有价无市，出现了严重的技工短缺。

第四节 家庭职业教育投资影响因素的计量分析

对家庭教育投资的行为特征进行理论分析，舍弃了许多现实的条件，对问题进行了简化，必然存在一些缺陷，因此单纯的理论分析显然是不够的。本节我们利用微观家庭数据对家庭职业教育投资的影响因素进行实证研究。

一 数据来源与统计描述

（一）数据来源

本书使用的微观数据是笔者 2009 年 4—5 月在山东省济南市、青岛市、淄博市、莱芜市的城乡家庭教育投资调查。因时间所限，为了便于数据的收集，笔者在四地共选取了四所城市中学和两所乡镇中学，由初二、初三、初四、高一、高二的学生把调查问卷带回家，再把由学生和家长共同完成的问卷交回。本次调查共发放问卷 1000 份，最终得到了 744 份 12 个项目的较为详细家庭教育投资资料，包括家庭收入（incof）、家长对子女的期望受教育水平（educe）、父亲受教育年限（educf）、母亲受教育年限（educm）、子女数（baby）、教育价格（epric）、是否同意子女接受职业教育（voca）、户籍（city）、子女性别（malec）、子女年龄（agec）、父亲职业（occuf）、母亲职业（occum）。

（二）统计描述

（1）父母同意子女接受职业教育的比例。我们首先对父母是否同意子女接受职业教育进行了统计，其结果如下：父母同意子女接受职业教育的比例仅为 16.13%（表 4.3），这与上文的基本判断和理论模型分析是相符合的。

（2）父母职业对父母是否同意子女接受职业教育的影响。简单的统计结果（见表 4.4）表明，父母所从事的职业，对父母是否同意子女接受职业教育具有较大的影响。其中，职业为公务员、教师、医生、企业管理人员等的父母不同意子女接受职业教育的比例较高；而职业为农民、工人、个体工商户、工程师的父母同意子女接受职业教育的比例都较高。从中可以看出，接受职业教育的主体是中低收入家庭，是低层次居民家庭教育投资的一个重要途径。

表 4.3　　　　　　　　父母同意子女接受职业教育的比例

voca	频率（人）	百分比（%）	累计（%）
0	624	83.87	83.87
1	120	16.13	100.00
合计	744	100.00	

表 4.4　　　　　　　　父母职业对子女接受职业教育的影响

职业	父亲			母亲		
	人数（人）	同意子女接受职教人数（人）	所占比例（%）	人数（人）	同意子女接受职教人数（人）	所占比例（%）
公务员	85	4	5	72	4	6
教师	67	3	4	98	5	5
企业管理人员	75	5	7	70	5	7
工程师	55	10	18	14	3	21
医生	46	7	15	58	6	10
军人	10	1	10	2	0	0
个体工商户	70	13	19	65	12	18
工人	160	35	22	170	37	22
农民	176	42	24	195	48	25

（3）变量的统计特征。对调查数据中的 10 个变量进行简单的统计描述后，得出各变量的统计特征（见表 4.5）。

表 4.5　　　　　　　　变量的统计特征

变量	样本	平均数	标准差	最小值	最大值
educe	744	16.19489	1.883105	9	22
incof	744	35610.17	110976.2	2870	2700000
educf	744	10.71505	2.789519	0	17
educm	744	9.274194	3.121597	0	17
baby	744	1.567204	0.5144478	1	3

变量	样本	平均数	标准差	最小值	最大值
epric	744	576.8683	101.24	470	850
voca	744	0.1612903	0.368046	0	1
city	744	0.483871	0.500076	0	1
malec	744	0.4879032	0.5001899	0	1
agec	744	15.42204	0.8677553	13	17

二　计量模型与计量结果分析

本文首先对家庭教育投资的影响因素进行计量分析，采用的分析方法为主成分分析（pca）和普通最小二乘法（ols）；然后用 logit 方法对家庭职业教育投资的影响因素进行经验分析。

（一）家庭教育投资影响因素的计量分析

1. 主成分分析

采用主成分分析方法得到的结果如表4.6所示，从中看出只有前三个成分的特征值大于1，同时这三个成分解释了9个变量组合方差的近60%。

表 4.6　　　　　　　　　　　主成分分析

principal components/correlation　　Number of obs 　　　= 744

　　　　　　　　　　　　　　　　　Number of comp.　= 9

　　　　　　　　　　　　　　　　　Trace　　　　　　= 9

Rotation：（unrotated = principal）　Rho　　　　　　= 1.0000

成分	特征值	差分	比例	累计
comp1	2.71633	1.29114	0.3018	0.3018
comp2	1.42519	0.235771	0.1584	0.4602
comp3	1.18942	0.271676	0.1322	0.5923
comp4	0.917742	0.735726	0.1020	0.6943
comp5	0.84417	0.189653	0.0938	0.7881
comp6	0.654517	0.1905	0.0727	0.6808
comp7	0.464017	0.384636	0.0516	0.9124
comp8	0.425553	0.062491	0.0473	0.9597
comp9	0.363062		0.0403	1.0000

2. 回归分析

为了避免回归分析中的多重共线性问题，我们对回归过程中可能涉及的变量的相关系数进行了检验，结果如表4.7所示。从中我们发现，母亲受教育年限与父亲受教育年限、子女数与母亲受教育年限、父母是否同意子女接受职业教育与家长对子女的期望受教育水平、户籍与父亲受教育年限、户籍与母亲受教育年限、户籍与子女数、子女年龄与教育价格呈现高度相关，相关系数分别为 0.616、- 0.363、- 0.63、0.51、0.449、- 0.467、0.518；其可能的原因分别是婚配时存在教育程度上的"门当户对"（这在城市更为显著）、母亲受教育程度高的家庭子女数较少、父母同意子女接受职业教育的家庭对子女的期望受教育水平较低、城市户籍的家庭父母受教育程度较高而子女数较少、子女年龄越大所在的年级越高其学费就越高。

表 4.7　　　　　　　　　　**各变量的相关系数矩阵**

	educe	incof	educf	educm	baby	epric	voca	city	malec	agec
educe	1.0000									
incof	0.0755	1.0000								
educf	0.3122	0.2047	1.0000							
educm	0.2453	0.2148	0.6161	1.0000						
baby	- 0.1434	- 0.1350	- 0.3365	- 0.3627	1.0000					
epric	- 0.0179	0.0976	0.2609	0.2922	- 0.1871	1.0000				
voca	- 0.6299	- 0.0278	- 0.1217	- 0.1170	0.0777	0.0519	1.0000			
city	0.1370	0.1975	0.5100	0.4486	- 0.4666	0.2703	- 0.0078	1.0000		
malec	- 0.1068	0.0630	- 0.0150	0.0728	- 0.2662	- 0.0245	0.1276	0.0450	1.0000	
agec	- 0.0801	0.0063	0.0559	0.0740	- 0.0606	0.5180	0.1321	0.1088	0.0304	1.000

注：correlate educe incof educf educm baby epric voca city malec agec （obs = 744）。

下面我们利用调研数据对家庭教育投资的影响因素进行回归分析。回归分析方程如下：

$$educe = \beta_0 + \beta_1 incof_i + \beta_2 educf_i + \beta_3 educm_i + \beta_4 baby_i + \beta_5 epric_i + \beta_6 voca_i +$$
$$\beta_7 city_i + \beta_8 maiec_i + \beta_9 agec_i + \mu_i$$

在回归分析中，由于模型中有的变量之间具有较高的相关系数，从而导致模型产生了多重共线性问题，利用逐步回归分析法进行了重新估计，处理后的回归结果见表 4.8。

表 4.8　　　　　　　　　　普通最小二乘法回归结果

变量	educe
educf	0.147 ***
	(− 0.0234)
educm	0.0383 *
	(− 0.0213)
epric	− 0.00118 **
	(− 0.00053)
voca	− 3.010 ***
	(− 0.142)
malec	− 0.13 ***
	(− 0.104)
Constant	15.50 ***
	(− 0.326)
Observations	744
R – squared	0.459

注：括号内为标准差，*、* *、* * *分别表示参数估计值在 10%、5%、1% 水平上显著，本书使用的计量软件是 STATA11.2。

通过以上回归分析，我们发现，回归结果与许多学者的研究结论有些不符。在我们所调查的影响父母对子女教育投资的因素中，家庭收入对家庭教育投资的影响不显著，与本文的期待不符，这可能与笔者所选的调研家庭经济收入普遍较高有关；子女个数对家庭教育投资并未产生显著影响，这是因为实行计划生育，城市家庭一般是独生子女，农村家庭子女个数一般在 1 – 3 个，子女间的年龄差距一般在 5 岁左右，因此，子女个数一般不会影响父母的教育决策，导致子女个数对父母教育决策影响不显著的另一个重要原因是随着经济的发展，经济发达地区家庭特别是农民家庭的收入逐年提高，大多数家庭有能力负担子女的教育费用；户籍和年龄对家庭教育投资的影响也不显著，原因可能是农村家庭开始意识到教育对于家庭和子女的重要性。正是因为家庭收入的逐年增加，所以教育价格对家庭教育投资的影响不太显著，这也从一定程度上印证了家庭对高学历普通教育的强烈需求①。

一般来说，父母的受教育程度越高，父母对子女教育投资越多，则子女的受教育程度越高，因为父母的受教育程度直接反映了父母对教育重要性的认识程度；而我们从回归结果中得到的一个有趣的经验结论是：父亲受教育年限对子女的期望受教育水平的影响比母亲受教育年限对子女的期望受教育水平的影响要显著。

我们从回归结果中得到的一个重要结论是，父母是否同意子女接受职业教育对家庭教育投资水平的影响非常显著，这是因为职业教育比普通教育的层次要低得多，现在的高职基本是专科层次。另外，子女性别对家庭教育投资水平的影响也较为显著，男孩与家长对子女的期望受教育水平成反向关系，这也反映一个教育现实，在家庭收入增加，子女个数越来越少而独生子女家庭越来越多的情况下，父母对女孩的期望也逐渐提高，女孩的受教育程度越来越高。

（二）　家庭职业教育投资影响因素的计量分析

家庭微观教育决策的实证检验一般采用最小二乘估计，但是有时实证数据可能并不符合最小二乘估计的经典假设，与我们对结果的期待有一点差距。对家庭职业教育投资的影响因素进行经验分析的计量方法一般是离散因变量模型，具体估计方法主要包括线性概率模型、probit 模型和 logit 模型，事实上这些方法的差异并不大。根据本书研究需要，我们用 logit 模型对家庭职业教育投资的影响因素进行经验分析，回归方程如下：

$$voca = \beta_0 + \beta_1 educe_i + \beta_2 educf_i + \beta_3 baby_i + \beta_4 malec_i + \beta_5 agec_i + \mu_i$$

---

①　影响不显著，说明调查数据与所要分析的问题不太吻合，解释力不理想，其原因一是可能调查问卷的设计不科学，二是可能选取的调查对象不合适。虽然如此，本书还是忠实于原数据，没有修改数据以便使分析结果符合论证的要求。

　　回归结果见表4.9。通过以上回归分析，我们发现在影响父母对子女职业教育投资的因素中，按影响程度排序如下：父母对子女的期望受教育水平、子女性别、子女年龄、子女个数、父亲受教育年限。

表4.9　　　　　　　　　　　　logit 模型回归结果

变量	voca
educe	-3.309***
	(-0.351)
educf	0.0989
	(-0.0727)
baby	0.498
	(-0.374)
malec	0.533
	(-0.36)
agec	0.502**
	(-0.23)
Constant	39.91***
	(-6.269)
Observations	744
Pseudo R^2	0.632

　　注：括号内为标准差，＊、＊＊、＊＊＊分别表示参数估计值在10%、5%、1%水平上显著，本书使用的计量软件是STATA11.2。

　　父母对子女的期望受教育水平对父母是否同意子女接受职业教育具有非常显著的影响，而且呈现反向的相关关系，这与现实是非常吻合的，因为如果父母对子女的期望受教育水平越高，他们就会竭尽全力让子女接受更高学历的高等教育，而一般不会让子女接受职业教育。

　　子女性别对父母是否同意子女接受职业教育具有较为显著的影响，而且呈现正向的相关关系。因为技工这一职业的工作特点不太适合女孩，而且相对女孩来说男孩接受职业教育（技工教育）后就业机会更多、适应能力更强，所以，在同等条件下，父母一般会更愿意男孩接受职业教育。

子女年龄对父母是否同意子女接受职业教育的影响较为显著且呈现正向的相关关系，这可能是因为子女的年龄越大，其独立判断能力越强，对自己接受什么教育具有自己的想法，而且会对父母的教育决策具有一定的影响。子女个数对父母是否同意子女接受职业教育也具有较为显著的影响，且呈现正向的相关关系，这与现实也是相符的，因为如果家庭有两个以上的子女，父母可能会由于经济原因，或子女学习成绩的原因，或子女自己的想法而愿意其中的一个子女接受职业教育。

父亲受教育年限对父母是否同意子女接受职业教育具有一定影响，但并不显著。受教育年限高的父亲在子女教育方面更加民主开明，就会在一定程度上愿意子女接受职业教育，或尊重子女的选择支持子女接受职业教育；但又意识到，在中国接受普通高等教育对家庭和子女的重要意义，从而会对子女是否接受职业教育犹豫不决，在这两种力量的较量中，让子女接受普通高等教育的决策最终会占上风。因此，受教育年限高的父亲在一定程度上会愿意子女接受职业教育，但这一影响不太显著。

第五章　企业在职培训投资与技工短缺

　　人力资本投资并不会随着正规教育的完成而终结，在职培训与正规教育一样，是人力资本投资的重要途径。据国外有关资料测算，一个大学毕业生所学知识仅占其需要的职业技能知识的 10% 左右，大量知识和技能要靠走上工作岗位后的在职培训来完成。在职培训与学校教育，都能增加人力资本存量，不过它们各有侧重，学校教育侧重于知识的提高，而在职培训侧重于职业技能的提高。在把所学知识转化成企业的经验与技能的过程中在职培训起了很大作用，它一方面把理论知识转化为实际技能，另一方面把素质所蕴藏的巨大能量诱发出来。

　　改革开放后，在职培训在中国开始兴起，但与发达国家相比，中国这方面的投资无论从绝对量还是相对量上看，都明显太少。例如，美国工商企业每年用于在职培训的经费达 2100 亿美元，分别超过中等教育及高等教育的经费，约占雇员平均工资收入的 5%；其中 300 亿美元用于正式的培训方案，1800 亿美元用于非正规培训（如在职培训）；1986—1988 年美国公司的培训支出增加了 38%，90% 的公司有正式的培训预算，大公司每年平均花费 52.7 万美元用于培训，小公司平均花费 21.8 万美元。而中国企业有近一半企业的职工年均在职培训经费在 25—50 元，有 30% 左右的企业，其职工年均在职培训经费在 25 元以下，少得可怜；从全国平均水平来看，在职培训经费占销售收入的比例在 0.01%—0.20%、0.21%—0.80% 和 0.81%—2.00% 的企业数分别占被调查企业总数的 30%，仅有 9.9% 的企业在 2% 以上[1]。既然作为企业人力资本投资重要途径的在职培训，是提升企业核心竞争力的源泉，那为什么中国企业缺乏在职培训投资的积极性呢？这正是本章要分析的问题。

---

　　[1]　李玲：《中国企业在职培训投资困境分析》，《中国人力资源开发》2004 年第 1 期。

第一节　信息不对称对企业在职培训的影响

贝克尔（1964）对企业培训投资以及与之相关的工资水平进行了系统研究。他认为，在完全竞争的劳动力市场，企业支付给员工的工资必须等于员工的边际生产率，否则，员工将离开企业。如果企业对员工进行一般性在职培训，企业将得不到任何培训收益。因此，在完全竞争的劳动力市场，一般性在职培训的成本将完全由员工承担。应将能提高许多企业边际产品的一般培训和只对培训企业有价值的专用培训区别开来。如果企业支付员工的培训费用，而且所培训的技能对其他企业也有潜在的使用价值，其他企业就可出高价吸引接受过培训的员工。企业如果认识到一般培训投资存在产权流失，就会拒绝提供一般培训。因此，一般培训的这种外部性使得企业投资激励不足，实际投资低于社会最优水平。自贝克尔这一观点发表以来，一般培训的这种外部性被理论界广泛地用来解释企业培训投资不足问题。

但在现实生活中，劳动力市场既是不完全竞争的，员工与企业之间也存在信息不对称。下面我们运用信息经济学分析信息不对称对企业在职培训的影响。

一　理论分析模型构建的基础①

（一）基本假设

为便于构建模型，做如下假设：假设经济中存在许多非熟练员工和具有无限寿命的企业。为简化起见，将员工的生存分为两期。在第一期，培训企业和员工就培训期间的工资水平进行谈判，在这里，只考虑单个企业和单个员工的培训决策。如果双方达成协议，培训开始；如果达不成协议，员工将会继续寻找其他非熟练技术工种。在第二期，假设培训企业、员工和其他潜在雇主对员工的人力资本存量的增加都拥有完备知识，而且企业在与员工进行工资谈判时拥有完全的讨价还价能力。因此，企业提供

---

① Wendy Smits, Imperfect Information and Training Quality ［J］. *Labor*, 2005, 19（4）: 655 – 671.

给员工的工资水平将等于市场工资水平。如果员工接受这样的工资水平，他与培训企业的雇用关系就能继续维持。假设员工中的一部分（以 r 表示）由于外生的原因而不得不离开培训企业。

（二）培训成本

在第一期，企业承担培训成本，培训成本既包括员工在培训期间的生产率损失，也包括企业用于培训的设备购置成本和监督成本等。对某一具体企业如 i 企业而言，将它的培训成本视做培训水平的函数，表示为 C_i (h)，且该培训成本函数的特征是 C'_i (0) $= 0$。如果 $h > 0$，则 C'_i (h) > 0，C_i'' (h) < 0。在这里，培训成本函数之间的差异意味着不同企业的最优化培训供给是不同的。

（三）培训收益

在该模型中，培训水平代表员工生产率的增量，用 h 表示，而员工在培训开始时的潜在生产率可表示为：

$$y_1 = h^0 \tag{5.1}$$

其中，h^0 表示员工人力资本初始存量的劳动产品价值，即员工培训前的生产率。在第二期，接受培训的员工的生产率变为：

$$y_2 = h^0 + h \tag{5.2}$$

员工经过培训获得的人力资本部分是企业专用性的，用 s（$0 \leqslant s \leqslant 1$）衡量培训的企业专用性程度，并且假设它是模型的外生变量。如果 $s = 1$，则培训是完全企业专用性的；如果 $s = 0$，则培训是完全一般性的。在这种情形下，可以将培训对于其他企业的价值表示为 $(1 - s) h$。员工在培训后继续留在培训企业工作所能获得的工资水平将等于市场工资，用 W_2 表示，可得：

$$W_2 = h^0 + (1 - s) h \tag{5.3}$$

因此，培训企业获得的培训收益可以表示为 sh，培训收益的分配结构是员工获得一般性人力资本投资带来的收益，企业获得专用性人力资本投资带来的收益。

（四）信息结构

在培训期间，员工并不能拥有关于培训水平的完全信息，假设员工对企业培训水平的观察有误差。因此，替代真实的培训水平，员工对企业培训水平的观察值可以表示为：

$$h^* = h + u, E(u) = 0, VAR(u) = Q_U^2, 0 \leq Q_U^2 < \infty \qquad (5.4)$$

在式（5.4）中，员工的观察误差项 u 的期望值是零，方差是 Q_U^2。如果 Q_U^2 趋于零，意味着员工可以相当准确地观察到企业的培训水平，如果 Q_U^2 等于零，则意味着员工的观察与企业的真实培训水平一致。反之，如果 Q_U^2 趋于无穷大，则意味着员工的观察几乎没有给出任何关于培训水平的真实信息。

为获得员工对培训水平的最优估计值，还需要知道员工关于经济中平均培训水平的预期值。假设员工知道整个经济中培训水平的分布函数，用 $E(h)$ 表示员工预期的平均培训水平，由此可以得出：

$$h = E(h) + d \qquad (5.5)$$

其中，d 表示真实培训水平与员工的预期培训水平之间的偏差，并且 $d = E(h) - h$。现在可以获得员工对于培训水平的最优估计值，表示为：

$$\max(h) = XE(h) + (1 - X)h^* \qquad (5.6)$$

式（5.6）中的 X 代表员工对自己的观察值和平均培训水平的预期值赋予的权重，其大小取决于两个误差项的方差，如果取员工的最优估计值误差的平方的最小值，即 $E(\max(h) - h)^2 = X^2 Q_d^2 + (1 - X) Q_U^2$ 的最小值，可解得：$X = Q_U^2 / (Q_d^2 + Q_U^2)$。

如果员工对培训水平观察得越精确，他赋予自己的观测值的权重就越大。如果信息是完全的，即 $Q_U^2 = 0$，员工观察到的培训水平就等于实际培训水平。相反，如果员工的观察是很不精确的，员工就赋予整个经济中平均培训水平更大的权重、自己的观察值更小的权重。

（五）培训工资和参与约束

在该模型中，员工通过接受与无培训时相比较而言较低的工资水平而承担培训成本。如果员工不参与培训计划，在两期中，员工的工资都将等于其初始生产率，因此，只要员工在两期的收入总和大于 $2h^0$，他就会参与培训。然而，如果信息是不完全的，员工不能完美地观察到培训水平，因此，在第二期培训开始时并不拥有关于他的培训收益的完备知识，在这种情况下，不能使培训工资完全取决于培训水平。员工将利用他的关于培训水平的估计值来确定未来的工资水平，可以表示为 $E(W_2)$，将 $E(h)$ 代入式（5.3）可得 $E(W_2) = h^0 + (1 - s) E(h)$。只要员工在接受培训后获得的总收入至少等于没有培训时的总收入，员工就会参与培训。因此，员工的参与约束条件可以表示为：

$$W_1 + E(W_2) \geq 2h^0 \tag{5.7}$$

二　企业在职培训投资的理论模型[①]

（一）完全信息下的企业在职培训

在完全信息下，员工完美地了解培训信息，这意味着 $h^* = h$ 和 $Q_U{}^2 = 0$，在这种情形下，员工培训时的工资水平将完全取决于培训水平，并可以表示为：

$$W_1 = h^0 - (1 - s)h \tag{5.8}$$

因此，企业 i 在两期的总利润为：

$$P_i = y_1 - W_1 - C_i(h) + (1 - r)(y_2 - W_2) \tag{5.9}$$

如果企业提供的培训是高效率的，那么员工在第一期的净生产率 $(y_1 - C_i(h))$ 将超过工资成本。在这种情形下，即使将来的培训收益为零，企业也有激励提供培训。将一期和二期的生产率［分别是式（5.1）和式（5.2）］以及一期和二期的工资水平［分别是式（5.8）和式（5.3）］代入式（5.9）得出：

$$P_i = (1 - rs)h - C_i(h) \tag{5.10}$$

根据式（5.10），将企业在完全信息下的最优培训水平表示为 h^p，通过对式（5.10）中培训水平变量 h 求最大值，由此得出：

$$C'(h^p) = 1 - rs \tag{5.11}$$

在完全信息条件下，企业将根据培训的边际成本 $C'(h^p)$ 等于边际收益 $1 - rs$ 的原则提供最优的培训供给。如果存在竞争性的企业培训市场，也就是说企业有相同的培训成本函数，并且培训的总收益等于总成本，那么培训成本的分担将依据企业和员工从培训中获得的收益，企业支付员工专用性人力资本增加的培训成本，员工支付自身一般性人力资本增加的培训成本，双方的利润都为零。

然而，事实并非如此，在某一既定的培训水平上，企业的培训成本函数不同，那些具有低培训成本的企业比具有高培训成本的企业更有可能获

---

①　徐刘芬、纪晓东：《信息不对称、专用性人力资本投资和企业培训》，《职业技术教育》2006 年第 13 期。

得利润。因此，即使培训是完全一般性的，培训成本低的企业也可能获得利润。

（二）不完全信息下的企业在职培训

在完全信息下，员工拥有关于他们培训的未来收益的完备知识，因而愿意在培训期间接受较低的工资作为培训费用。然而，如果员工并不拥有培训收益的完备知识，培训水平的增加就不能在预期的培训工资中得到充分体现。如果要获得培训水平的利润最大化，企业必须考虑支付的既定数量的预期培训工资为：$E(W_1) = h_0 - (1-s)(XE(h) + (1-X)h)$；则企业 i 的期望利润为：

$$E(P_i) = (1-s)XE(h) + (1 - X + Xs - rs)h - C_i(h) \qquad (5.12)$$

企业利润最大化的一阶条件为：

$$C'(h^{np}) = 1 - X + Xs - rs \qquad (5.13)$$

由于 $0 \leq s \leq 1$ 和 $0 \leq X \leq 1$，企业在不完全信息下的边际成本小于完全信息条件下的边际成本，可见在不完全信息条件下，企业按照边际成本等于边际收益提供的培训供给是低于完全信息下的培训供给的。对所有的培训水平 h 而言，不完全信息降低了培训的预期边际收益，这是因为培训水平的增加并没有导致相应的预期培训工资的下降而造成的，如果培训水平增加一单位，相应的员工的一般性人力资本也增加了 $1-s$ 单位，结果，员工的培训工资水平需要下降相同的数量。然而，在不完全信息条件下，员工对他们自身一般性人力资本增加的估计只有 $1-X$ 单位，因此在第一期，企业预期的员工的工资水平下降将等于 $(1-X)(1-s)$ 单位。由于企业预期员工并不会为他们的一般性人力资本的增加支付全部成本，企业的边际收益曲线将向下移动。而且，随着 X 的增加，企业的最优培训水平将下降，因为员工只为他们的一般性人力资本的增加支付部分成本，所以培训越具有一般性，培训投资不足的问题越严重。如果出现一种极端的情形，培训是完全一般性的，即 s 等于零，员工对企业培训水平的观察也不能给出任何真实的信息，即 Q_U^2 趋于无穷大，那么我们可以得出企业的培训水平 h 趋于零的结论。也就是说，关于培训水平的不完全信息导致了低于社会最优的企业培训供给，培训越具有一般性，企业培训投资不足的问题越严重。

由于信息不对称，员工不能完美地观察到企业的培训水平；如果员工在培训期间的工资水平取决于他们对企业培训水平的观察，那么企业培训水平的下降并不能在工资中得到充分体现。因此，培训企业有降低培训水平、节省培训成本以增加利润的动机。结果，从社会最优的角度看，企业提供的培训水平往往是偏低的。如果在职培训部分或全部是企业专用性的，企业降低培训水平会损害自身的利益，则企业降低培训水平的激励就较弱。企业的培训越具有一般性，培训投资不足问题就会越严重。因此，要解决企业培训投资不足问题，需要提高企业培训的专用性程度。

第二节　企业专用性在职培训研究

上一节分析了信息不对称对企业在职培训的影响，本节我们研究企业的专用性在职培训。

一　企业专用性在职培训中的"囚徒困境"

尽管不少学者对在培训过程中如何激励员工进行过研究，但他们大都隐含地假设培训的收益由企业单方面的投入决定，而忽视了在职培训的另一位主角——员工。事实上，专用性在职培训的收益不仅受到企业投资力度的影响，也受到员工努力程度的影响。如果员工在培训过程中一点也不尽力，培训也不会取得好的收益。但是，如果员工不能获得任何专用性在职培训的收益，员工将不会在培训中付出任何努力，这种不合作会大大降低企业专用性在职培训的效果。因此，企业会承诺让员工分享一定比例的培训收益，以激励员工在培训中付出努力。

这样就有可能导致"囚徒困境"，因为企业只能分享部分专用性在职培训收益，按照利润最大化原则，企业对专用性在职培训的投资水平将小于整个社会福利最大化时的投资水平。同样，员工由于只能分享部分投资收益，他在培训中的努力程度也会低于社会福利最大化时的水平。如果企业与员工都选择社会福利最大化时的投资水平和努力程度，他们的收益状况都会得到改善。但是这个帕累托改进做不到，因为它不满足企业与员工的理性要求。事实上，即使企业与员工在专用性培训之前签订契约，规定双方必须按照社会福利最大化时的水平对专用性在职培训进行投资，这个契约也没用，因为企业与员工双方都没有遵守该契约的激励基础①。因此，有必要探索有效的利益分享机制，以促进双方在专用性在职培训过程中的合作。

（一）专用性在职培训中企业与员工的单期博弈

为更清晰地分析企业和员工在培训中的行为，本文将专用性在职培训分作单期培训和长期培训两种情况，首先考察企业和员工在单期博弈中各自选择的均衡解。从企业单期培训过程来看，企业和员工之间会进行三阶段动态博弈，博弈顺序如图 5.1 所示。

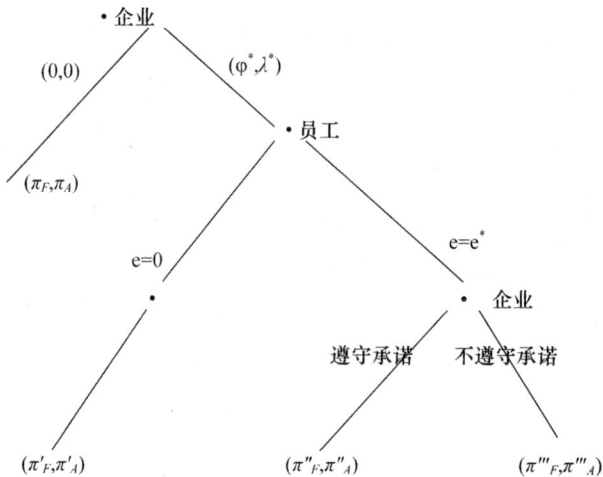

图 5.1　员工与企业之间三阶段动态博弈的顺序

第一阶段，由企业决定其行动策略，即选择是否对员工专用性在职培训进行投资。如果企业选择对员工的专用性人力资本进行投资，同时须向员工承诺员工能够分享的投资收益比例为 λ^*。当企业选择对员工的专用性人力资本进行投资时，其行动策略为 (θ^*, λ^*)，其中 θ^* 表示投资力

①　Hermalin, B., 1990, Adverse Selection, Short – term Contracting, and the Underprovision of on – the – job Training. Working Paper No. 90 – 139. Department of Economics, University of California, Berkeley.

度，λ^* 表示员工能分享的投资收益比例。当企业选择不对员工的专用性人力资本进行投资时，其行动策略为 $(0, 0)$，即此时 $\varphi = 0$，$\lambda = 0$。

第二阶段，由员工决定其行动策略，即选择在培训过程中是付出努力程度为 $e = 0$，还是努力程度为 $e = e^* > 0$。

第三阶段，企业根据利润最大化原则决定是否兑现承诺。当企业选择不对员工进行专用性在职培训时，双方的收益分别为 $\pi_F = 0$，$\pi_A = 0$，下标 F 代表企业，A 代表员工。

当企业选择对员工进行专用性在职培训，而员工选择不努力，即 $e = 0$ 时，企业的收益 π'_F 为：

$$\pi'_F = (1 - \lambda)(1 - p^*)A\varphi^\alpha 0^\beta - \frac{1}{2}\alpha\varphi^2 = -\frac{1}{2}\alpha\varphi^2 < 0 \qquad (5.14)$$

员工的收益 $\pi'_A = 0$。

当企业选择对员工进行专用性在职培训，员工选择付出努力程度 $e = e^* > 0$，同时企业又选择遵守承诺时，企业的收益 π''_F 和员工的收益 π''_A 分别为：

$$\pi''_F = (1 - \lambda)A\varphi^\alpha e^{*\beta} - \frac{1}{2}\alpha\varphi^2 \qquad (5.15)$$

$$\pi''_A = \lambda^* A\varphi^\alpha e^{*\beta} - \frac{1}{2}be^{*2} \qquad (5.16)$$

这里，$\pi''_F > 0$，$\pi''_A > 0$，因为如若不然，企业将不会进行该项投资。

当企业选择对员工进行专用性在职培训，员工选择付出努力程度 $e = e^* > 0$，同时企业又选择不遵守承诺时，企业的收益 π'''_F 和员工的收益 π'''_A 分别为：

$$\pi'''_F = A\varphi^{*\alpha}e^{*\beta} - \frac{1}{2}\alpha\varphi^{*2} \qquad (5.17)$$

$$\pi'''_A = 0^* A\varphi^{*\alpha}e^{*\beta} - \frac{1}{2}be^{*2} = -\frac{1}{2}be^{*2} < 0 \qquad (5.18)$$

比较 (5.17) 式与 (5.18) 式，可知 $\pi'''_F > \pi''_F$，即企业不遵守承诺时的收益大于遵守承诺时的收益。所以，兑现承诺不是一条均衡路径，企业在第三阶段将会选择不遵守承诺。比较 π'_A 与式 (5.17)，可知 $\pi'''_A < \pi'_A$，即当企业不遵守承诺时，员工选择努力的收益将会低于选择不努力的收益。所以，在第二阶段，员工选择努力程度 $e = e^* > 0$ 也不是一条均衡路径，员工将会选择不努力，即付出努力程度 $e = 0$。比较 π_F 与式（5.1），可知 $\pi_F > \pi'_F$，即企业选择投资的收益将低于不投资的收益。于是，可得到结论1：

[结论1] 完全信息情况下，在企业与员工之间进行的单期培训博弈中，策略（0，0）是唯一的子博弈精炼纳什均衡，即在单期博弈中，双方都选择不合作将是企业与员工博弈的纳什均衡。此时，企业获得的收益为0，员工获得的收益也为0。虽然，如果企业选择遵守承诺，员工选择付出努力时，企业获得的培训收益 $\pi''_F > 0$，员工获得的培训收益 $\pi''_A > 0$；但是，由于企业与员工都从理性出发进行决策，从而导致"囚徒困境"。

（二）企业专用性在职培训的无限次重复博弈模型

解决"囚徒困境"的办法是让博弈双方进行重复博弈。由于专用性人力资本投资具有无法转移的特点，并且投资收益的回报具有滞后性，使得企业无法一次性收回投资收益，员工也不会一味地拒绝专用性人力资本投资。如果企业不仅重视当前收益，而且更重视长期总收益，企业与员工之间就能进行无限次重复博弈。在无限次重复博弈中，如果博弈一方在某次博弈中选择了不遵守承诺，那么在以后的博弈中另一方会实施"冷酷战略"，在以后的阶段都不会选择努力[1]。也就是说，如果企业选择了不遵守承诺，那么，以后所有员工将再也不会选择在培训中付出努力，使得培训无法进行或效果大打折扣。如此一来，企业在专用性在职培训中采取敲诈策略是要付出代价的，企业必须在眼前利益和长远利益之间进行权衡。这样，在长期专用性在职培训中，企业的声誉将发挥重要作用，以下分两种情况对该问题进行分析。

（1）如果企业在第一次博弈中选择了不遵守承诺，那么其收益为：

$$\pi'''_F = (1 - \lambda) A \varphi^{*\alpha} e^{*\beta} - \frac{1}{2} \alpha \varphi^{*2} \tag{5.19}$$

由于企业在第一次博弈中选择了不遵守承诺，那么，以后所有员工将再也不会相信企业会遵守承诺，于是员工选择付出努力 $e = 0$。因此，企业在以后每次博弈中的策略都将会是不对员工的专用性人力资本进行投

① Biglaiser, G., Mezzetti, C., 1993. Principals Competing for an Agent in the Presence of Adverse Selection and Moral Hazard. *Journal of Economic Theory* 61, 302 – 330.

资，此时企业的收益为$\pi_F = 0$。

于是，可得到企业在第一次博弈中选择不遵守承诺时的总收益：

$$\Pi_F = \pi'''_F + \frac{\delta}{1-\delta}\pi_F = (1-\lambda)A\varphi^{*\alpha}e^{*\beta} - \frac{1}{2}\alpha\varphi^{*2} \qquad (5.20)$$

其中，δ为贴现因子。

（2）如果企业在第一次博弈中选择了遵守承诺，那么其收益为：

$$\pi''_F = (1-\lambda)A\varphi^{*\alpha}e^{*\beta} - \frac{1}{2}\alpha\varphi^{*2} \qquad (5.21)$$

由于企业在第一次博弈中选择了遵守承诺，那么，以后所有员工将会相信企业会遵守承诺，从而付出努力$e = e^* > 0$。所以，企业在以后博弈过程中的收益都与第一次博弈相同。于是，得到企业在第一次博弈中选择遵守承诺时的总收益：

$$\Pi'_F = \pi''_F + \frac{\delta}{1-\delta}\pi'_F = \frac{1}{1-\delta}\left[(1-\lambda^*)A\varphi^{*\alpha}e^{*\beta} - \frac{1}{2}\alpha\varphi^{*2}\right] \quad (5.22)$$

比较上面两个式子，可知当$\delta \geqslant \delta^* = \dfrac{\lambda A\varphi^{*\alpha}e^{*\beta}}{A\varphi^{*\alpha}e^{*\beta} - \dfrac{1}{2}\alpha\varphi^{*2}}$时，$\Pi'_F \geqslant \Pi_F$，

即企业在第一次博弈中选择遵守承诺的总收益高于选择不遵守承诺的总收益。这时，企业就会选择遵守承诺；由于$\pi''_A > \pi'_A$，员工也就会选择付出努力。而又因为$\pi''_F > \pi'_F$，所以，企业会选择对员工的专用性人力资本进行投资。于是，可得到结论2：

［结论2］如果企业与员工进行无限次重复博弈，当贴现因子$\delta \geqslant \delta^* = \dfrac{\lambda A\varphi^{*\alpha}e^{*\beta}}{A\varphi^{*\alpha}e^{*\beta} - \dfrac{1}{2}\alpha\varphi^{*2}}$时，企业选择对员工专用性人力资本进行投资$\varphi^*$，员

工付出努力e^*，企业承诺员工分享投资收益比例p^*并遵守该承诺，是一个子博弈精炼纳什均衡。

上述研究表明，在企业的专用性在职培训中，如果企业与员工之间只进行一次博弈，企业对员工的承诺将不可置信，员工也不会付出努力；如果企业重视长期总收益，即企业与员工之间能够进行无限次重复博弈，企业对员工的承诺将是可置信的，员工将付出最优程度努力。在这一博弈中，企业声誉将发挥重要作用，而且企业与员工要建立长期雇用关系。目

前，企业声誉和企业与员工间的长期雇用关系正是中国企业管理的软肋。因此，中国企业在职培训投资不足就是情理之中的事情了。

二　企业专用性在职培训中的双边道德风险及其治理

根据动态代理理论，将未来的报酬与现阶段的绩效挂钩会影响代理人当前的行为选择[①]。代理人投资于人力资本的动机来源于对职业发展的考虑。一般性在职培训对于代理人将来继续受雇于原雇主或跳槽都是有用的，因此代理人有自发进行投资的动力。但是对于专用性在职培训则不然。专用性在职培训是指代理人获得的技能依赖于所在企业的产品特性、市场状况、工艺流程以及企业文化等，当代理人离开原企业后其人力资本就会大大贬值。因此，企业将获得所有的专用性在职培训收益，企业也将承担所有的培训成本。但是，如果没有员工的积极参与，任何培训都不能够获得好的收益。由于员工不能获得任何专用性在职培训收益，那么他在专用性在职培训中将不会付出任何努力。为激励员工在专用性在职培训中付出努力，企业必须让员工能够分享培训收益。这样，当企业与员工之间存在信息不对称时，就可能导致企业与员工之间出现双边道德风险。

（一）企业专用性在职培训中的双边道德风险

如果员工专用性在职培训的努力水平是可被观测的，由契约理论可知，企业可以设计一种强制性契约激励员工在专用性在职培训中付出努力。当员工努力程度不可观测时，以进行集体决策的成员为例，若报酬不但取决于集体决策的结果，还取决于集体决策中个人的决策行为，员工就会加大对专用性在职培训的投资力度。也就是说，企业必须让员工分享产出，否则，员工将没有动力在培训中付出努力。企业对专用性在职培训的投资力度与真实的产出信息都有可能是企业的私有信息。因此，存在两种不同的双边道德风险，即隐藏行动的道德风险与隐藏信息的道德风险。

1. 隐藏行动的道德风险

由于培训收益由企业与员工两方面共同决定，当企业对专用性在职培训的投资力度不能被观测，同时员工在专用性在职培训中的努力程度也属于私有信息时，企业与员工之间存在一种双边道德风险：一方面，企业降

---

① Hashimoto, M. (1981) Firm – Specific Human Capital as a Shared Investment. *American Economic Review*, 71 (3), 475 – 482.

低对专用性在职培训的投资水平；另一方面，员工在专用性在职培训中"偷懒"。这时，企业与员工都寄希望于对方付出更多努力，自己则"偷懒"，以获取更大收益。

2. 隐藏信息的道德风险

当员工的努力程度不可观测，是员工的私人信息，而且产出也是企业的私有信息时，会出现另外一种双边道德风险：一方面，员工不愿在专用性在职培训中付出努力；另一方面，当产出实现后，企业有动机压低对产出的公布以求节约报酬成本，即企业隐藏真实的产出信息。这样，基于产出的报酬契约不能诱导代理人进行投资。

（二）企业专用性在职培训中双边道德风险的治理

根据委托代理理论，要消除这种双边道德风险，委托人必须建立有效的报酬机制。如果企业采用按比例分成的报酬机制，企业对专用性在职培训的投资力度会低于最优的投资水平，即存在企业隐藏行动的道德风险；而员工在在职培训中的努力程度也会低于最优的努力水平，即员工方面也存在道德风险。因此，如果企业采用按比例分成的报酬机制，一定会出现双边道德风险。

因此，为能够激励员工付出努力，企业考虑采取另外的报酬机制，可能会承诺员工培训完成之后将获得晋升，即采取所谓的职位晋升机制。从委托人角度而言，消除员工败德行为的切入点是做出承诺行动，即委托人的战略应是可置信的。职位晋升作为一种产出分享手段，虽能激励员工在专用性在职培训中付出努力，但是，职位晋升机制并不能消除委托人的机会主义行为，因为委托人有动机不提升代理人，而是令其留在原职位上。委托人的违约行为导致效率低下，也就是说，职位晋升机制是不可置信的。但是，当委托人提供"非升即走"契约后[①]，委托人就会如实公布代理人的生产率。从代理人角度而言，如果"非升即走"契约是激励相容的，败德行为就会消除。这就是企业治理专用性在职培训中双边道德风险的两种形式，即"非升即留"（Up – or – stay）机制和"非升即走"（Up – or – out）机制。

---

① Waldman, M. , 1990, "Up – or – out" Contracts: A Signaling Perspective. *Journal of Labor Economics* 8 , 230 – 250.

"非升即留"机制是指在职培训完成之后，如果企业的产出得到提高，企业就将员工提升到更高职位，付给更高报酬；如果产出变化并不大，企业就让员工继续留在原来的职位，报酬不变。"非升即留"机制能影响员工当前行为，其原因在于，员工在专用性在职培训中付出努力后，企业总是令其继续原来的工作，而不愿提升其职位。这种现象很普遍。在一个组织中，职位往往是刚性的（即宜上不宜下），如果上一级职位由一个较年轻员工占据，下级员工就觉得没奔头，缺乏在专用性在职培训中付出努力的动力，因为即使付出努力后，企业总是出尔反尔，故意将其压在下面。所以，"非升即留"机制并不必然消除企业隐藏真实产出信息的道德风险。另外，有效的"非升即留"机制至少应增加员工培训后被提升的机会；提升后从事的工作与原来的工作应有本质区别，而不能只是"换汤不换药"。

企业实践中职位晋升机制是不可置信的。意识到这一点，员工缺乏在专用性在职培训中付出努力的激励。为解决这一问题，企业可采用"非升即走"机制：培训之后，当员工产出高时，企业就将员工提升到更高的职位，付给更高的报酬；当产出低时，就解聘员工。在这种机制下，委托人自绝退路，不会故意压低对产出的公布，否则，就会将员工辞退，企业也得不到任何培训收益。

综上所述，可以看出两种机制之间的差别："非升即走"机制使企业不能采取隐藏真实产出信息的行动，否则，企业将不得不解聘员工，得不到任何收益；而"非升即留"机制却能使企业在采取隐藏真实产出信息的行动之后，仍能获得收益。所以，"非升即走"机制比"非升即留"机制能更有效地解决双边道德风险问题。然而，这两种激励机制都存在局限性。"非升即留"机制要求员工提升前后的工作必须有本质区别，因而该机制不适于激励生产率几乎不随岗位变化而变化的员工的人力资本投资。相比之下，"非升即走"机制对于员工晋升前后所从事的工作并没有特别要求；不过，这种机制对员工太残酷，且在一定程度上造成了人力资本的浪费。因此，激励员工进行专用性人力资本投资的关键在于企业与员工之间能否形成一种长期合约，因为在长期合约下，声誉效应的自动实施机制能有效消除双方的机会主义倾向，从而激励人力资本投资行为。在实践中，长期合约并不仅仅是"一纸合同"，而是作为一种惯例或企业文化而为雇用双方所默认的隐含机制。

第三节　企业在职培训后的道德风险：
敲竹杠问题及其治理

专用性人力资本理论认为，由于专用性人力资本投资的复杂性，机会主义行为极易发生，并会进一步导致双边道德风险。马尔科姆森（Malcomson，1997）在关于专用性人力资本投资的敲竹杠文献中指出，由于员工的讨价还价能力，将会导致企业专用性培训投资不足，因为培训结束后，员工可以通过讨价还价占有一部分企业专用性培训带来的收益，这是企业在职培训后的道德风险问题。研究企业在职培训后的敲竹杠问题及其治理，对于有效减少机会主义行为，促进企业专用性人力资本的投资和积累具有重要意义。

一　企业在职培训后的敲竹杠问题

（一）企业专用性人力资本投资的敲竹杠问题

Parsons（1972）就注意到专用性人力资本投资完成后的谈判问题。由于投资和收益分两期进行，投资一旦完成，企业和员工就进行收益分享谈判。与一般性人力资本不同，企业和员工的专用性人力资本投资是不受市场保护的，因为它没有市场价值。如果未来是完全可以预见的，企业和员工之间可能发生的敲竹杠问题，只会改变投资收益的分享比例，而不会影响投资效率。但是，如果未来是不完全可预见的，那么剥削问题就不可避免。这就是专用性人力资本投资的机会主义问题。

雇用合同是典型的不完全合同，专用性人力资本增加了雇用合同的不完全性，主要体现在三个方面：一是专用性人力资本投资形式的复杂性。专用性人力资本既可以通过正式的专用性培训产生，也可以通过在职学习或工作实践获得。考虑到人力资本投资受员工自愿性和主动性支配的特点，员工自愿进行人力资本积累可能是专用性人力资本形成的最主要途径，但是，员工是否主动地进行了专用性人力资本的积累，这些真实信息显然不可能轻易获得。二是专用性人力资本投资的多维性。专用性人力资本是指员工在特定企业的学习和工作过程中积累的专用性知识，这种专用性知识既可以针对企业特定的生产技术，也可以针对企业的关系资本及管理和营销策略，而这些专用性人力资本是不能一一证实的，因此，针对专用性人力资本投资的合同只能是不完全合同。三是专用性人力资本投资和收益的不同步性。专用性人力资本的投资和收益分两个阶段进行，订立合同双方有效率的选择必须依据未来发生的事件，而未来发生事件的不确定性使签订状态依赖合同成为不可能。企业和员工均倾向于在投资结束后，利用各自谈判力量试图在专用性人力资本产生的租金中获得更大份额。重新谈判和有效率的投资之间存在内在冲突（Macleod and Malcomson, 1993）。在所难免的重新谈判为具备机会主义的一方剥削另一方的准租创造了条件。投资方预期到不能获得投资的完全边际收益，就导致了投资不足，这种现象被称为"敲竹杠"（hold - up）。

格罗斯曼和哈特（Grossman and Hart, 1986）指出，如果在投资完成的重新谈判阶段给予投资方所有的谈判权利，那么就可避免"套牢"问题。这就是被广泛使用的"谁投资谁受益"原则。马尔科姆森（1997）讨论了专用性人力资本投资的三种情况：第一种，企业是唯一的投资方，那么企业决定工资合同，在保证员工不受任何惩罚可以离职的前提下，投资是有效率的，如美国式的随意雇用制度（Employment at will）。第二种，员工是唯一的投资方。同样，由员工提出并决定工资合同，可以导致有效率的投资水平。第三种，当专用性人力资本投资由企业和员工双方共同完成时，固定工资合同将是一个较好的解决方法。理论上，三种情况都能够获得投资效率，但在实践中，实现的可能性和难度是不同的。第一种和第三种情况实现的可能性大，难度小。当企业是专用性培训的唯一投资者时，面对员工固定的外部市场预期收入现值，企业可以控制员工的工资曲线达到一个预期收入现值，该预期收入现值要超出员工在没有专用性人力资本投资的其他可选择企业中获得的预期收入现值，这就可以抑制员工的离职倾向和工作转换。当企业和员工共同投资专用性培训时，企业和员工在投资前就投资额度和投资收益的分配达成一致意见，签订对工资有明确规定的固定工资合同。但是第二种情况实现的难度最大，因为专用性人力资本投资的主体是员工，而对该投资支付报酬的却是企业，即使员工有完全的谈判能力决定工资合同，企业也很可能放弃原来承诺，剥削投资收益，这种情况是专用性人力资本投资的典型困境。

　　在完全信息的现货市场中，有效率的雇用安排能够实现。但在信息不完全的劳动力市场中，逆向选择和道德风险很有可能发生，专用性人力资本投资中的不完全信息极易产生道德风险。设想企业在雇用初期承诺向专用性人力资本投资达到一定标准的员工支付高于市场机会成本的工资报酬，员工随后就进行专用性人力资本投资。由于专用性人力资本非常难以准确度量，企业和员工又会产生评判分歧，企业有过低估计的激励，而员工有过高估计的激励。如果对于雇用关系中积累的专用性人力资本，企业声称尚未达到其支付高额报酬的水平，而拒绝向员工支付承诺的报酬，那么，在随后的雇用阶段，员工就没有激励进行专用性人力资本投资，因此而形成双边道德风险。

　　在专用性人力资本投资中，如果员工的人力资本是公共信息，那么企业可以将报酬和人力资本直接挂钩，设计一种激励合同来促进员工对专用性人力资本的投资。当专用性人力资本不可观测时，就必须引入其他变量来显示报酬、人力资本和该变量之间的联系。产出水平就是一个很好变量。如果产出水平是公共信息，员工的专用性人力资本投资决策是员工的私人信息时，那么，激励合同同样可以消除员工的机会主义行为。因此，可以一般性地认为，只有一方的私人信息不足以导致无效率。当员工的投资决策是私人信息，而产出水平是企业的私人信息时，那么，完全雇用合同（Full – employment Contract）就不会产生激励相容，也不能消除双方的道德风险（Kahn and Huberman，1988）。

　　（二）人力资本的专用性、专有性与敲竹杠问题①

　　专用性（Specific）特指专门为支持某一特定团队生产而进行的持久性投资，并且一旦形成，若再改作他用，其价值将大跌；或者说，专用性资产的价值在事后严重依赖于团队的存在和其他团队成员的行为。因此，机会主义行为就和专用性密切相关，专用性也就成为解释许多制度安排的核心概念。大量文献在没有认真区分剩余收入和组织租金的同时，又进一步将剩余索取权和专用性投资，特别是非人力专用性投资联系在一起，试图以此将当事人分享组织租金和专用性投资相联系。事实上，专用性不但不是当事人分享组织租金的谈判力基础，而且恰恰是专用性削弱了当事人

---

① 杨瑞龙、杨其静：《专用性、专有性与企业制度》，《经济研究》2001 年第 3 期。

的谈判力，因为专用性资产的价值依赖于团队其他成员，当事人的退出威胁难以令人相信，甚至会导致"下赌注者"的准租金在事后遭到剥削。"下赌注者"事前对控制权的强烈要求正好就反映出当事人谈判力的脆弱性，当事人强烈需要这种权力来保护自己的利益不被分割。当然我们也并非否定专用性资产可能会帮助其所有者获得组织租金。

如果按照"下赌注者"共同治理理论所预测的那样，在企业中占据重要位置并分享组织租金的就应该是那些向企业投入高度专用性资产的人，但现实中往往是那些跳槽最活跃的人（即具有通用性人力资本的人，如高科技、金融、咨询行业中的高级专业人员以及高级经理人员）在企业中拥有重要发言权，并且能通过多种分配方案（如股票选择权、职工持股计划等）分享组织租金。鉴于此，我们就不得不问这样一个问题：当事人分享企业组织租金的谈判力基础到底是什么？我们认为专有性就是答案所在。

专有性（Exclusive）资源是指这样一种资源，一旦它们从企业中退出，将导致企业团队生产力下降、组织租金减少甚至企业组织的解体；或者说，专有性资源是一个企业或组织产生、存在或发展的基础，它们的参与状况直接影响组织租金的大小或其他团队成员的价值。专有性与专用性是两个完全不同的概念，如果说后者反映了某种资源的价值依赖于企业团队生产的存在，面临其他团队成员机会主义行为的威胁，在谈判中处于被动地位的话，那么前者就正好相反：强调了某种资源被其他团队成员所依赖，处于谈判的主动地位。此外，虽然许多专用性资产也具有某种程度的专有性，但专有性与专用性之间并没有必然联系，因而专有性不像专用性那样与通用性相对立，所以，许多专用性资产并不具有专有性，如企业中拥有某种专用技术的普通技工；而某些通用性资源却可能具有专有性，如某个人或团体掌握的某种创新技术。专有性资源的另一个重要特点是这种资源的所有者经常处在一个近似的卖方垄断市场上，或者这种资源的交易市场还没发育成熟，使卖方难以找到一种廉价机制对专有性资源的价值进行直接定价。交易双方很少用市场价格形式进行交易，而是通过一些间接方式，如股权化或剩余索取权等来支付这些专有性资源的报酬，使当事人的实际收益超过其要求的潜在保留收益。

哪些资源才能成为专有性资源呢？事实上，只要某种资源是团队生产所必需，同时又难以被替代，这种资源就具有专有性；而且某种资源越是团队生产所必需，越是难以被替代，该资源的专有性就越强。专有性资源的这种性质使其所有者具有某种垄断地位，并且可能凭借这种地位通过正式或非正式的谈判获得企业的组织租金，因为他可以通过威胁退出团队来实现自己的要求。但是，专有性资源所有者的谈判力也会因资源性质的不同而有所不同。专用性资产可以具有专有性的特征：团队生产所必需且难以被替代。事实上，现实中大多数专用性资产同时也是专有性资产，既依赖于其他团队成员但也被别人依赖，因此这些"下赌注者"可以分享组织租金。也许正是这个原因，许多学者误把专用性当做当事人分享组织租金的基础。最值得讨论的情形是，一个企业或团队往往要求多种高度专用性投资，并且分别归不同的所有者所有，这使那些高度"相互专用性"（Inter – Specific）资源同时也变得高度地相互依赖，即具有高度的"相互专有性"（Inter – Exclusive），因为这些投资在事后彼此都难以被替代。此时，虽然甲方可能遇到乙方不合作甚至退出团队的威胁，但甲方也同样可以威胁乙方，所以，他们将相互妥协，分享组织租金。不过，具体按什么比例分享，这将主要取决于他们各自的专有性或各自对对方利益影响力的强弱对比，而且任何一方在要价时都必须遵循一个原则，即保证对方获得的组织租金不少于他与其他替代者合作或自己投资而获得的收益。专用性人力资本不能采取退出方式来胁迫企业向其支付一定组织租金，因为这种威胁不可置信；但其会采取偷懒等比较温和与隐性的方式向企业施压；极端的情况是，在一个团队中，可能有多种专用性资源，但却只有一种资源具有专有性，这种专用性兼专有性资源的所有者就有可能独享组织租金。

　　与专用性的专有性资产所有者不同，那些具有通用性的专有性资源所有者在组织租金的竞争中所拥有的谈判力最强，因为他们根本不用担心谈判或合作破裂给自己造成的损失。典型的通用性专有性资源所有者有以下几类：（1）拥有发现并能组织实现某种市场获利机会的企业家；（2）掌握某种能带来巨大商业利益的技术的人（如重要专利技术所有者）；（3）在资本稀缺环境中掌握大量货币资本的人；（4）拥有能带来大量商业机会的特殊社会关系的人。通用性的专有性资源所有者往往有实力对那些与他相关的组织租金，即由于他的加入而使得团队组织租金增加的部分，提出索取权；甚至还有机会通过事后机会主义行为去压榨专用性资产带来的准租金。当然在现实中，因为构成个人效用函数的变量并非只有物质财富，当事人行为还受到道德和法律约束，所以，通用性专有性资源所有者往往不会独享组织租金，尽管他们具有这样的谈判实力。与此同时，由于这种专有性资源对团队生产很重要，为团队所依赖，但是它们自然特性上的通用性又使得其所有者不依赖于特定团队，从而容易给团队生产造成极大不稳定性，因此，其他团队成员不仅愿意向这些所有者支付包含大量组织佣金的报酬，而且还会刻意设计一些特殊机制将他们制度化为该团队的专用性资源所有者，以保障他们能够长期稳定地为该团队服务。由此就不难理解，企业中那些掌握重要技术的员工可以廉价地获得大量股票期权。

　　总之，那些在团队生产中越关键，在市场上越稀缺，越难被替代，即专有性越强的资源，其所有者在分享组织租金的过程中所拥有的谈判力就越强；而且那些通用性专有性资源所有者的谈判力最强。然而，任何一种要素所有者的谈判力归根结底都是特定技术和市场条件的产物，因此这些要素所有者在特定团队中的谈判力也不是一成不变的。

　　二　企业在职培训后敲竹杠问题的治理：东航集体返航事件①的经济分析

　　东航集体返航事件是在国内航空业飞行员近来屡屡跳槽、集体请假等事件频发的背景下发生的。这直接暴露了制约中国航空业健康发展的管理制度上的弊端。在一个自由竞争的劳动力市场上，雇方占有天然的优势地位，掌握着劳方的工资、升迁，以及能否被继续雇用的绝对权力，而劳方拥有的，只有"双手和人身自由"（马克思语）。但对于东航集体返航事件而言，飞行员在劳资双方的博弈中反而处于强势地位，如果解决不当，那么可怕的不是"返航"本身，而是这种失序行为一旦蔓延，其结果是飞行员或跳槽或继续偷懒，航空公司的巨额培训投资就不能全部收回，整个航空业的发展将受到重大影响，最终结果必将是所有利益相关者的共输。要解决这个问题，绝不能仅仅依赖所谓的严格制裁，而是要通过制度

---

　　① 2008 年 3 月 31 日，东航云南分公司从昆明飞往大理、丽江、版纳、芒市、思茅和临沧六地共 14 个航班返航，航班飞到目的地上空后，乘客被告知无法降落，又都飞回昆明。东航声称返航系因天气原因，但当天其他航空公司的航班则正常降落。有消息称返航实因飞行员不满待遇集体罢飞。

建设。下面我们以东航集体返航事件为例，分析企业在职培训后的敲竹杠问题，解释企业的在职培训投资为什么会缺乏激励而导致投资不足，并探讨企业在职培训投资后敲竹杠问题的治理。

（一）东航集体返航事件中的敲竹杠问题

在具有专用性资产安排的契约关系中，产生了一种可占用的专用性准租，出现了一种事后的机会主义行为，也就是道德风险问题。在交易成本经济学中，一般用"敲竹杠"来描述这种行为①。敲竹杠现象只是事后机会主义的一种情况，由于契约的不完备性，契约中的一方当事人利用契约的漏洞占用另一方的准租。在专用性人力资本投资中，就雇用关系来说，敲竹杠则表现为雇用中的某方机会主义地榨取另一方的专用性人力资本投资收益的行为，这种败德行为往往是在人力资本投资者与被投资者的委托—代理关系中产生的，具体表现为代理人不努力为实现委托人的最大利益而工作，消极怠工，出工不出力，甚至跳槽，使本来可以捕捉的机会随意失去，使本来可避免的事故未能得到控制而发生。敲竹杠现象因为信息的不对称和人的自利性而客观存在于人力资本投资活动中，是引发人力资本形成风险、效率风险、流失风险的重要原因。

最新数据显示，目前中国航空公司共有飞行员11509人，其中现任机长5092人，副驾驶6417人；而截至2007年，中国共有民航运输飞机1131架。中国民航业正以每年12%—14%的速度增长，未来5年飞行员缺口将达到1万名，到2015年，这一缺口将高达1.8万名。民航飞行员属于特殊专业人才，飞行员的培养周期长、成本高，其职业特点是工作单调、风险高、压力大。民航飞行员是一种具有专有性的专用性人力资本，而且在民航业内又具有通用性的特征。中国民航业在飞行员这一专用性人力资本的形成和管理上存在以下几个问题：

1. 飞行员培训体制

飞行员与航空公司矛盾的背后暴露出飞行员严重供不应求的问题。产生该问题的根源在于中国独特的飞行员培训体制。目前中国飞行员主要来自航校培养和退役飞行员"军转民"，作为专业性要求极高的职业，除了部队驾驶员转业到民用航空外，中国航空公司飞行员团队的"新鲜血液"

---

① 科斯、哈特等：《契约经济学》，李风圣译，经济科学出版社1999年版，第28页。

一直由相关专业院校统一"输送"。然而，即使学员在飞行学院学满4年，并由航空公司支付了60多万元招录费，毕业进入航空公司时，都还不能被称做飞行员。通常情况下，航空公司会根据不同机型和航线的需要，将新学员送到空中客车或波音公司开设的飞行训练学校，以便拿到相应机型的国际标准证书，期间费用全部由航空公司支付。因此，中国飞行员的培养大多由国家和航空公司"买单"，而国外多是个人"买单"，关键是这种飞行员培养机制目前尚无可替代。飞行员行业的专用性对培养机构的资质、教育水平和办学态度有很高的要求。目前，中国只有两家综合性的飞行员培养学院，虽然国航等航空公司开办了飞行员培训机构，但只具备理论培训的条件，技术培训还要到两家学院或国外进行。

2. 飞行员管理体制

飞行员隐性辞职，体现了国有航空公司人力资本管理机制与市场定价机制间的激烈冲突。按惯例，飞行员一毕业就与公司签订99年的终身合同，这严重束缚了其流动的空间。但航空公司认为，签订这样的合同主要是由于航空公司为飞行员投入了大笔培训费用，如果任其自由流动，航空公司的损失太大。这种终身雇用制得到管理层的支持。2005年民航总局联合五部委发文要求飞行员辞职必须征得原单位的同意，而且要赔偿原单位70万—210万元不等①。航空公司为定向培训的飞行员付出了高昂培训成本，它们理当拥有优先雇用权，并且有权根据《劳动法》要求辞职的飞行员予以赔偿。但是，部门规章应服从《劳动法》等上位法，赔偿数额必须在法定的合理范围之内，飞行员承担的是航空公司支付的成本，而不是飞行员的全部人力成本，如果赔偿额高到让飞行员一辈子都赔不起，此乃不公平契约。国有航空公司已习惯于行政体制下飞行员的终身雇用制度，在飞行员的市场价格抬升的情况下，国有航空公司还维持飞行员的终身雇用制。从航空公司的对外开放来说，强行维持终身雇用制行不通，也不符合市场化的要义，从长久来看，最终也不符合航空公司的利益。

3. 飞行员流动机制

飞行员不能自由流动是民航劳资矛盾的焦点之一。飞行员与航空公司

---

① 民航等五部委2005年下发了《关于规范飞行人员流动管理保证民航飞行队伍稳定的意见》。

之间利益争端趋于公开化和白热化的背景，是自 2004 年民营资本开始介入航空业。中国航空市场尤其是飞行员市场已经从严格的行政管制逐步走向市场化。市场开始给紧缺的飞行员人力资本定价，这一价格高于航空公司给出的十几万元年薪价格。民营航空刚刚起步，极缺飞行员，于是竞相到国有航空公司"挖人"就成了一种竞争和生存手段。为了高薪，飞行员跳槽之风渐起。但根据现行有关规定，飞行员辞职门槛高耸入云，想走难于上青天。问题是，民营航空的橄榄枝已经让他们对自己的价值有了一个重估，留下来也可以，加薪则成为一种普遍诉求。但国有航空公司显然不愿增加运营成本，于是双方关系迅速恶化，"返航"等手段成为飞行员向航空公司施压的"撒手锏"。极端行为背后，是民航业的管理机制不适应航空市场与飞行员市场的变化，以僵化的行政手段进行管制的结果是，被雇用的一方只能通过隐性罢工等方法，吸引社会的眼球，以达到解决问题之目的。对于飞行员跳槽，可借鉴职业球员"转会"的方式，参照市价开出转会费，转出单位不吃亏，转入单位支付必要的培养成本，这都是遵循市场规则的交易行为。但问题在于，《飞行员流动管理办法》中每年 1% 的流出比例和飞行员培训费用 70 万—210 万元的支付标准，几乎就是"不准流动"的另类说法。如果民航总局按照这个版本推广到全国民航系统，基本等同于吓退转入单位，从而逼迫飞行员放弃跳槽的念头，这是违背市场经济规律的。从这个意义上看，《飞行员流动管理办法》明显忽视了人才流动对民航业发展的积极作用，一味站在国有航空公司的立场上抑制飞行员流动。

　　总之，随着航空业的市场化，市场对紧缺的飞行员重新定价，而民营航空公司介入航空业为飞行员最大化自己的利益提供了契机。由于飞行员人力资本的性质和数量的短缺，在航空公司与飞行员的契约关系中，飞行员处于优势地位。于是，面对民营航空公司的优厚待遇，有些飞行员就开始敲航空公司的竹杠：不加薪就跳槽。由于各大航空公司坚持不放人，再加上僵化的行政管理体制的束缚，真正跳槽成功的人并不多；面对飞行员待遇低的抱怨，航空公司则强调飞行员待遇已经很高，难以再上调。因此，在加薪或跳槽都行不通的情况下，飞行员就采取隐性罢工（偷懒）的方式（如"返航"、"罢飞"）。在国内外航空公司里，返航是飞行员惯用的一种博弈方式，因为职业的特殊性让飞行员掌握着飞机降落与否的权力。值得注意的是，在国际航空惯例中，即使是返航，飞行员的飞行仍然要被计算为工作时间，而受损害的乘客也只能找航空公司索赔，却不能找飞行员本人。所以，航空公司损失最大。在这场博弈中，因为航空公司与飞行员之间是委托代理关系，飞行员是在代理航空公司工作，所以，只要他不主动承认，航空公司就很难搞清楚飞行员的返航行为是正常情况还是故意捣乱。因此，公司必须为飞行员提供有效的激励机制，飞行员才能更好地工作给公司带来效益。

对返航事件如何处理的问题，由于飞行员在劳资关系中处于强势地位，航空公司并不能轻易处罚他们，否则飞行的安全隐患更大，航空公司的风险和损失也更大；再者，如果开除他们，则正合飞行员和民营航空公司的意，他们巴不得国有航空公司这么做。在经济学上有"互惠均衡"和"互损均衡"两种可能的情况，既然不能实现前者，一般会出现后者。由于中国法律不允许公开的罢工行为，所以，出现这种怪异的返航现象也就不足为怪了。东航集体返航事件，明显是一种"互损均衡"，即航空公司和飞行员都有损失。

从理论上讲，对返航事件的处理，劳资双方的博弈有三种结果：一是双赢，即飞行员加薪要求得到满足，公司运营顺利。二是双输，即飞行员受到处罚，加薪要求得不到满足，可能会继续隐性罢工，在待遇不变的情况下，用降低工作努力程度来最大化自己的效用；而公司会由于飞行员的偷懒而遭受巨大损失。三是"平局"，即飞行员以"转会"方式跳槽到其他公司，飞行员在新公司得到更好待遇，公司得到一定数额的转会费以弥补其培训投资成本。

综上所述，在这场博弈中飞行员是最后的赢家，他们的合理要求最后都会得到满足，因为处罚或开除飞行员将会引起飞行员队伍的动荡，导致航空公司更大的损失，公司根本不敢迈出这一步，所有这些结果飞行员之前肯定深思熟虑过。由于目前中国飞行员供不应求，且培养成本极高，他们是不害怕被开除的，航空公司也不愿意简单开除飞行员让别的公司坐收渔翁之利。这是一种很难解决的市场失灵问题，即早期的投资者往往得不到合理的回报。国有航空公司在飞行员的培训投资中其收益得不到保障，公司收益率一般会小于社会收益率，这会影响国有航空公司以后的飞行员培训投资力度，其结果是航空公司的实际培训投资水平就可能小于社会福利最大化时的投资水平，从而导致航空公司对飞行员培训投资的不足。

（二）东航集体返航事件中敲竹杠问题的治理

由于有限理性、不确定性和机会主义的存在，在专用性人力资本投资中，敲竹杠现象是不可避免的。对于如何解决敲竹杠问题，经济学家设计了许多契约，比如收益分享、成本分享以及第三方仲裁等，但由于信息成本太高或信息不对称，而无法实现次优结果①。为解决这一问题，法院的介入可能引起更大的敲竹杠问题，因此，克莱因设计了一种自动履约机制，使交易顺利进行。在现实生活中，大多数契约是依靠习惯、诚信和声誉等方式来履行的，诉诸法律解决往往是不得已而为之。鉴于此，一个自动履行的契约就可以利用交易者的性质和专用关系将个人惩罚条款施加在违约者身上。该惩罚条款包括两方面的内容：一是终止与交易对手的契约，给对方造成经济损失；二是使交易对手的市场声誉贬值，使其未来交易伙伴知道其违约前科而不相信该交易者所做出的承诺。遗憾的是，在该案例中自动履约机制失灵了，因为想跳槽的飞行员发现在上述自我履约的范围之外，还存在一个比惩罚条款的损失还要大的收益机会，即许多民营航空公司对飞行员开出的比国有航空公司更优厚的待遇。要从根本上解决东航集体返航事件这类敲竹杠问题，需要从以下几个方面综合考虑。

1. 改革飞行员培养机制，实行飞行员自费培养

为摆脱飞行员短缺和无法流动的困境，中国航空业可以尝试国际上通行的自费培养飞行员的模式。所谓自费培养模式，是由航空公司担保，飞行员向银行贷款后支付培训费用，学员毕业后以从工资中逐月扣除的方式偿还贷款。这种自费培养方式可以更好地为飞行员赢得自由选择航空公司的权利，便于跳槽。据悉，目前深航、南航等公司已开始采用这种培养模式。

2. 改革飞行员管理体制，实行飞行员"转会制"

面对中国航空业的市场化，要改革飞行员的管理体制，遵循市场经济规律，引入"转会制"解决飞行员跳槽问题。但是，目前飞行员管理体制是飞行员转会的最大障碍，因为民航总局 2005 年的《关于规范飞行人

---

①　转引自科斯、哈特等：《契约经济学》，李风圣译，经济科学出版社 1999 年版，第 29页。

员流动管理保证民航飞行队伍稳定的意见》，明确飞行员跳槽后"新东家"要参照 70 万—210 万元的标准向"老东家"支付费用，巨额索赔成为飞行员转会时难以逾越的惩罚性门槛。该规定引起许多飞行员不满，认为个人不可能拿出这么多钱。其实，飞行员跳槽后往往是由接收公司支付补偿金，近似于"转会费"。因此，在飞行员培训体制没有改变的情况下，鉴于飞行员流动是大势所趋，行业管理部门应当对飞行员这一特殊人力资本的流动做出更明确、更合理的规定，规定飞行员从"老东家"到"新东家"应该怎么操作，上下家之间就赔偿数额、飞行员流动达成平等、合理的方案，使公司和飞行员都有章可循，航空公司参照市价开出转会费，转入单位支付必要的培训成本，转出单位不吃亏，各方利益都得到了最大限度的满足，而不是像返航事件的处理那样寻求非正常的解决渠道。

3. 诉诸劳动仲裁机构

如果民航业工会的运作是正常的，那么劳资双方完全可以就工资或管理等问题，进行磋商和谈判以解决劳资纠纷；即使谈判不成功，如果渠道是畅通的，飞行员完全可以继续向监管方申诉。在充分的博弈下，返航只是最坏的极端的结果，其出现的几率很小。然而遗憾的是，中国工会目前还不具备这样的功能，民航业劳资之间也缺失健全的博弈渠道。在这种情况下，劳资双方可以诉诸劳动仲裁机构，争取一个双方都满意的仲裁结果，从而尽量减少类似返航事件的再次发生。

4. 政府对航空企业的盈亏进行调剂

就中国的航空业而言，国有航空公司的飞行员流动到民营公司，表面上看国有公司的利益受到了损失，但从宏观上看政府并没有损失，因为发展民营航空公司也是政府需要和鼓励的，而且现实情况已经证明飞行员到民营公司后工作效率往往更高，政府也从民营公司那里得到了收益。因此，要解决民航业劳资双方之间的矛盾，最好是采取政府补贴的办法，即政府对失去飞行员的国有航空公司进行财政补贴。

"个人最大化的含义是：不论何时个人觉察到某种行动能增加他们权利的价值，他们就会采取这种行动。不论个人是在市场、企业、家族、政府还是在其他组织中活动，这个原理是普遍适用的。"[①] 虽然东航集体返

---

① 巴泽尔：《产权的经济分析》，上海人民出版社 2002 年版，第 9 页。

航事件是极端的个案，但却提出了企业培训投资收益受损的情况以及相应的后续影响，具有普遍意义。该案例的意义在于揭示了以下道理：设计合理的制度安排，使企业的专用性在职培训投资能够得到合理的回报，从而使得企业有激励继续进行在职培训投资，实现企业与员工在职培训的双赢。

　　企业的人力资本是其竞争优势的重要来源，但是决定企业竞争优势的是专用性人力资本，而不是一般性人力资本。目前，中国专用性人力资本的培训投资严重不足，企业在追求生产规模扩大和技术设备升级的同时忽视了对员工的培训，如何通过增强企业培训投资提升企业核心竞争力，是中国企业面临的严峻现实问题。这就为中国企业提出了一个重要课题：中国当前以市场调控为主的雇用合同很难建立企业和员工之间稳定的雇用关系，这种雇用关系的脆弱性很容易诱发道德风险，其结果是企业丧失了继续进行在职培训投资的激励基础，最终导致了企业专用性在职培训投资的不足。因此，寻求有效的制度安排，构建企业与员工之间长期稳定的雇用关系，降低专用性人力资本投资中的机会主义威胁，保障企业在职培训投资的收益，促进企业专用性人力资本的投资和积累，提升企业的核心竞争力，在目前具有非常重要的现实意义。

第六章　政府职业教育投资分析

职业教育的落后是家庭教育投资不选择职业教育的主要原因，职业教育生源的低质量又影响了职业教育的质量，如此恶性循环使职业教育陷入低水平发展的陷阱，而政府财政投入不足是职业教育发展滞后的最主要原因。从公共财政理论来看，教育产品的性质决定了政府在教育投资中的主体性地位，政府教育投资的取向和力度直接决定了教育供给的结构。本书认为，以培养技工为办学宗旨的技工类职业教育是一种公共产品，具有较强的正外部效应，而接受这类职业教育的主体是低层次、低收入的居民家庭，如果只有市场来调节，就会导致该市场的失灵。因此，政府应该承担起应有的责任，成为该类职业教育投资的主体。在中国教育事业的发展中，政府对教育的财政性经费投入一直较低，2000年教育财政性经费投入占GDP4%的目标至今没有实现，而政府强烈的高等教育投资偏好和发展义务教育的刚性约束使职业教育的财政投入严重不足，而技工类职业教育的财政投入更是少得可怜。再者说，即使政府具有足够的财政能力发展教育事业，由于中国政治体制以目标责任制为主导的政绩考核模式，使得各级政府也没有足够的激励发展职业教育。

在教育发展战略的选择上，由于对成为世界制造中心需要大量技能型人才估计不足，过分强调优先发展高等教育，致使以技工教育为主要目标的技工类职业教育不断受到挤压。技工类职业教育发展的滞后背离了中国工业化进程中对人力资本结构的要求，近十年来持续出现的技工短缺就是对这种教育结构失衡的集中反映。下面我们从投资的责任、能力和激励三个方面来分析政府职业教育投资行为对技工短缺的影响。

第一节　政府职业教育投资的责任

在市场经济体制下，职业教育已经市场化，政府并没有责任把职业教育事业全部管起来，政府对职业教育的投资也不能大包大揽。但是，在对职业教育做出分类后发现，由于我国传统思想观念对技能性人才的偏见，技工类职业教育本身的特点，以及低收入家庭学生是其生源主体等原因，技工类职业教育投资具有明显的外部性，如果只有市场调节，劳动力市场就会出现技工短缺现象。因此，政府就有责任加大对技工类职业教育的财政投入。

一　职业教育外部性的产生及其性质

（一）职业教育的分类及其产品属性界定

我们把公共产品分为两类公共产品，即一类公共产品和二类公共产品。一类公共产品即通常意义上的公共产品，具有两个特征：一是公共产品消费的非竞争性，二是公共产品收益的非排他性。二类公共产品是指由于低收入社会群体没有足够的经济能力进入某一类产品市场，如果政府不提供，这类消费者就难以购买该类产品，这会直接影响该产品市场的健康发展。因此，二类公共产品也称为政府提供品，需要政府的财政投入。

职业教育究竟属于纯公共产品、准公共产品还是私人产品，这关系职业教育的产品属性问题，直接关系政府对职业教育经费的供给方式和供给数额。学者们普遍认为，职业教育是介于纯公共产品和私人产品之间的准公共产品。但本书并不完全同意这种观点。因为这种界定较为笼统含混，并不能准确反映职业教育产品的属性。

为了更准确地把握职业教育的产品属性，本书首先对职业教育进行分类，然后对不同类型的职业教育产品属性进行界定。本书把职业教育市场产品分为高端市场产品、中低端市场产品。高端职业教育市场产品的专业都是高端专业或称为"烧钱专业"，例如美术、艺术、工业设计、服装设计、旅游、动漫、广告策划，等等，这些专业的主要生源来自中高收入家庭，市场需求旺盛，基本由市场调节即可。而中低端市场产品基本是低端专业或称为"蓝领专业"，主要包括农业类专业和技工类专业，这些专业的主要生源来自中低收入家庭，这些专业虽然社会需求量极大，但由于需要足够的经费才能保证其培养质量，如果政府投入不足而通过向学生收取高学费来解决问题，结果是抑制了低层次困难家庭选择该类职业教育的需求，造成了职业教育的有效需求不足，如果单纯由市场来调节不能解决目前职业教育生源数量不足和质量不高的问题。因此，需要政府的介入，由政府作为该类职业教育的投资主体，加大财政投入的力度。

概括地讲，职业教育的产品属性在纯公共产品和私人产品这两个极点之间徘徊。本书把职业教育的产品属性大致分为四类：属于私人产品的职业教育，包括各类民办职业教育（如"新东方"），其专业设置为"短、平、快"的职业技能培训，如厨师、美容美发、机电维修、家政、餐饮等；属于准公共产品的职业教育，包括各级政府和行业举办的中等职业教育和高等职业教育中的热门学校（或专业）；属于一类纯公共产品的职业教育，包括农村职业教育和农业类职业教育①；属于二类纯公共产品的职业教育，本书认为，以培养技工为办学目标的技工类职业教育是典型的二类公共产品。

（二）技工类职业教育的外部性

技工类职业教育具有较大的外部效应，但本书并不依据公共产品的非排他性来说明这个问题。技工类职业教育投资具有较大的正外部性的原因主要有以下几个方面：

1. 技工类职业教育的投资主体

职业教育高端市场的专业基本是高投资、高风险的专业，学校收费相当高，这类市场不能解决低收入家庭接受职业教育的需求。而技工类职业教育是职业教育领域的低端市场，富家子弟一般是不选择这类职业教育的，其主要生源来自低收入阶层家庭的学生，如果完全是个人投资，个人收益，就不存在外部性了。但是，由于这类家庭的教育投资能力有限，如果采取高收费政策，就会抑制该类家庭投资该类职业教育的积极需求，因为低收入家庭是社会的弱势群体，家庭通过成本收益的计算，认为其子女接受技工类职业教育成为技工后，几乎没有进入主要劳动力市场的机会（如做公务员等），技工类职业教育投资的总收益或总效用相对于其他类别

---

① 注：国务院决定从 2009 年秋季学期起免除农业类专业中职生的学杂费。

教育的投资收益较低，所以家庭即使具有投资意愿，也不愿投资技工类职业教育，结果是低收入家庭的潜在职业教育需求不能转化为实际需求，导致职业教育的家庭需求低于职业教育的社会需求，形成了两者的"倒差"。

2. 技工类职业教育投资的不确定性

在比较职业教育和普通教育时，比较流行的观点认为，普通教育的公共性更大，个人受益较少，而职业教育则相反，这种观点有相当的正确性但并不全面。职业教育市场化后，由于其投资收益的不确定性和风险性加大，投资主体并不能收回全部收益，所以职业教育也具有较大的外部性。从人力资本理论来看，人们在许可范围内选择这种教育而非那种教育是基于这样的分析逻辑：投资成本与未来终生收益流量的比较，而不是短期的利益权衡。普通教育是普适性教育，属于通用性人力资本投资，这种投资所形成的人力资本可以在较为广泛的领域内转移，几乎不会产生知识折旧的风险，接受普通教育的收益率明显高于接受职业教育的收益率，现在的家庭或个人过分地投资普通教育的现实就正好反映了这一点。相对于普通教育而言，职业教育中的技工类职业教育更具有专用性教育的特性，由于中国经济的快速发展、产业结构的调整、技术进步的加快，使得技工职业岗位的变迁具有更多的不确定性，致使投资收益的期限相对短暂，技工类职业教育投资的风险增大，增加了其投资收益的不确定性，这也是家庭不愿选择职业教育的一个重要原因。

3. 技工人才的流动性

随着劳动力市场的发展，技工人才的流动性增强，技工类职业教育的投资主体与受益主体可能不一致。如果企业作为技工类职业教育的投资主体，由于技工的流动，特别是在行业内具有一定通用性的技工人才的流动，企业就无法收回其全部投资收益，从而使其他企业和整个社会受益，企业自然就没有足够的激励进行技工类职业教育投资。家庭对技工类职业教育投资后形成的专用性人力资本，其价值会因为流出原有企业而大大贬值，直接影响投资的收益率。因此，技工类职业教育投资的私人收益率常常低于其社会收益率，技工类职业教育投资具有较大的外部性。

4. 技工类职业教育的特点

技工类职业教育的最大特色是实训实习基地的建设，这需要大量的经费作为保障，尤其是某些行业（如化工、机电一体化、钢铁、IT、数控机床等）的职业教育需要更多的资金投入。而事实上，中国的教育制度缺乏与之相适应的投资激励和相关的制度安排，使得方兴未艾的民办高等教育机构没有足够的经费兴办技工类职业教育，即使具有这个经济实力，由于家庭教育投资的普教偏好，以及普通高校的资源转移和复制较为容易，民办高等教育机构仍倾向于举办普通高等教育。

综上所述，由于技工类职业教育投资主体的特殊性、投资收益的不确定性、技工的流动性，使家庭对技工类职业教育的投资与社会需求之间存在差距，如果政府不对技工类职业教育进行投资，家庭对技工类职业教育的投资数量就达不到社会所需的最佳水平。因此，技工类职业教育具有显著的外部效应。

二　技工类职业教育的市场失灵

技工类职业教育的市场失灵是指以培养技工为办学宗旨的技工类职业教育是一种特殊的公共产品，具有较强的正外部效应，而接受这类职业教育的主体是低层次、低收入的居民家庭，如果只用市场手段来调节，就会导致技工类职业教育市场的失灵。

（一）中国职业教育的供求失衡

中国职业教育的供求失衡表现为"市场稀薄"：有效供给不足和有效需求不足并存。一方面，职业教育的社会需求巨大，但目前中国职业教育的发展不足，质量低劣，导致职业教育的有效供给不足；另一方面，相对普通高等教育而言，职业教育的发展在很长一段时间内被忽视，导致职业教育在整个国民教育体系中长期处于弱势地位，不能满足家庭或个人对高质量职业教育的要求，职业教育的家庭或个人有效需求较弱。

1. 职业教育的有效供给不足

职业教育供给指在某一时期内，一国或地区各级各类职业教育学校机构所能提供给受教育者的机会。中国职业教育整体供给不足在第三章已有详细论述。

2. 职业教育的有效需求不足

职业教育的有效需求不足是指职业教育的社会需求与家庭或个人需求之间的差距。家庭或个人的有效教育需求更多地指向普通教育，个人需求与社会需求不协调。职业教育的社会需求是指在一定的社会历史发展阶段，基于国家未来经济与社会发展对高素质技能型人才的要求而产生的对职业教育有支付能力的需求。职业教育的个人需求是指家庭或个人出于对未来知识、技能、收入和社会地位的预期，在各种需求中进行选择，对职业教育有支付能力的需求。

目前中国职业教育的有效个人需求并不高。长期以来，职业教育是高考落榜生的选择这一事实，使人们已经习惯于把职业教育当做次等教育；受"学而优则仕"等传统文化观念的影响，加之职业教育发展的落后、职教学生未来收益的不确定性和社会地位较低等因素，使得家庭或个人对职业教育的需求较弱。更值得注意的是，中国的教育体制使得教育的筛选功能被过分扩大，个人能力的多样性和经济发展对人才需求的多样性被忽视，结果造成了一方面劳动力市场上的技工短缺，另一方面家庭或个人愿意主动接受职业教育的比例较低。

（二）技工类职业教育市场失灵的理论分析

分析职业教育的需求和供给过程中的阻滞因素，建立新的职业教育供给机制，使职业教育的供给和需求在合理范围内形成相对均衡，对于促进职业教育的健康发展以及解决技工短缺问题都具有现实意义。以下我们分析中国技工类职业教育的供求均衡曲线（见图6.1）。其中，Q 为技工类职业教育的数量，P 为技工类职业教育的价格或边际成本；D_1 为技工类职业教育的个人需求，D_2 为技工类职业教育的社会需求，S_1、S_2 分别为技工类职业教育的两条供给曲线。

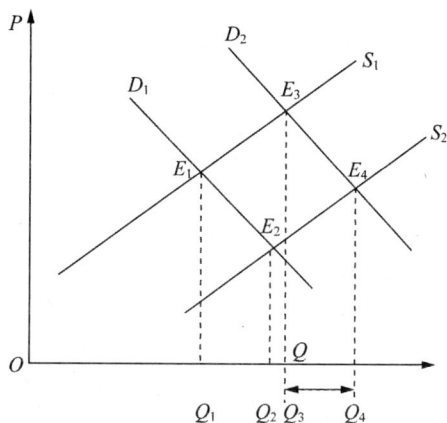

图6.1 中国技工类职业教育的供求均衡曲线

从上图中可知，当技工类职业教育供给不足时为 S_1，技工类职业教育获得进一步发展之后，能够提供更多的受教育机会，则供给曲线变为 S_2。两条需求曲线 D_1、D_2 分别与两条供给曲线 S_1、S_2 相交于点 E_1、E_2、E_3、E_4。技工类职业教育的社会需求是客观存在的，这与当前的经济发展直接相关，但是技工类职业教育的个人需求却受到一些传统观念、国家对技工类职业教育的政策以及技工类职教毕业生的个人收益率等因素的影响，在中国，D_1 与 D_2 之间有一定的差距。政府要发挥引导作用，利用各种优惠政策和媒体的舆论导向作用，改变家庭和个人对技工类职业教育的观念，推动技工类职业教育的个人需求和社会需求大致吻合，使 D_1 向 D_2 推进。从技工类职业教育的供给来看，S_1、S_2 分别与 D_2 相交于 E_3、E_4，E_4 是技工类职业教育供求关系新的均衡点，由于技工类职业教育的供给不足，图中 $Q_4 - Q_3$ 是技工类职业教育的社会需求缺口，现阶段表现为"技工荒"，将会成为阻碍经济持续发展的重大因素。

技工类职业教育是一种特殊的公共产品，具有较强的正外部效应，如果只用市场手段来调节，就会导致技工类职业教育市场的失灵。因此，政府要承担起应有的责任，加大对技工类职业教育的投入，促进技工类职业教育的健康快速发展，尽快缩小 $Q_4 - Q_3$。

三 政府职业教育投资的责任

从以上分析可以看出，技工类职业教育是一项特殊而重要的公共事业，在政府不投资或投资不足的情况下，市场的自行调节不能把这类职业教育办好。

在中国，目前与职业教育相关的现行制度和政策并没有解决技工的持续短缺问题，反而愈演愈烈。这充分说明中国职业教育，尤其是技工类职业教育发展滞后的一个重要原因就是政府的缺位，而且主要是政府投资主体的缺位。

仅仅依赖于市场自发调节技能型人才的供求是不够的，原因在于技工人才这一特殊资源一旦"断档"，如果仅靠市场机制进行调节，就会产生较长时间的滞后效应。根据目前技工的缺口规模及其培养周期估算，"技工荒"至少还会延续 10 年，这将会给中国经济的发展造成难以估量的损失。技工人才的储备与培养，应该作为国家的一项战略任务，需要政府这只看得见的手来调节。因此，加大对技工类职业教育的财政投入力度，逐步形成以政府投入为主体的财政投资机制，促进技工类职业教育的健康发展，是政府的职责所在。

第二节　政府职业教育投资的能力

中国政府至少可划分为两个层次，即中央政府和地方政府；地方政府又划分为四级，即省级、市（地）级、县级和乡（镇）级。在如此复杂的政治机构组织下，政府间的财权事权是如何分配的，这种分配能否保障各级政府有足够的能力来履行自己的教育投资责任。以下我们来探讨政府职业教育投资的能力问题。

一　政府间的事权财权关系

中央政府与地方政府间事权与财权的划分是国家财政体制所要解决的核心问题。公共财政理论要求合理划分事权与财权，力求实现各级政府间事权与财权的对称性。所谓事权与财权的对称性是指某一级政府在承担一定事权的同时应当具备充足的财权作为合理的保障，并且各级政府间财权的划分也应当以事权的划分为基础。事权与财政的对称性并不要求财政与事权完全对等，而是强调从财权对事权保障能力的角度来衡量二者划分的合理程度。依据这样的判断标准，从中国实际情况看，中央政府与地方政府之间、地方各级政府之间的事权和财权的划分都不尽合理。

（一）中国政府间的教育事权分配

政府间的教育事权分配是指教育财政支出义务在政府间的分配。从图6.2我们可以看出，新中国成立之初的教育支出在财政总支出中的比例较小，随着国民经济的恢复这一比例不断上升；但1958年和20世纪60年代末70年代初的两次财政分权期间，教育支出占财政总支出的比重跌入谷底，这似乎表明在计划经济时代，中央政府集权式的财政体制有利于教育支出比重的增加，分权反而不利；1978年改革开放后到1994年分税制改革前，随着地方政府财政收入比重的增长，反而出现了教育支出在财政总支出中的比重不断增长的局面。但1994年分税制改革后，情况发生了逆转，伴随地方政府财政收入的减少，教育支出在财政总支出中的比重大幅下降，这一事实意味着中央政府财政收入比重的增加不利于教育支出比重的增加，而且更为遗憾的是，中国教育支出占 GDP 的比例一直维持在较低水平，中央政府制定的 2000 年教育支出占 GDP 4% 的目标至今仍未实现。

比例（%）

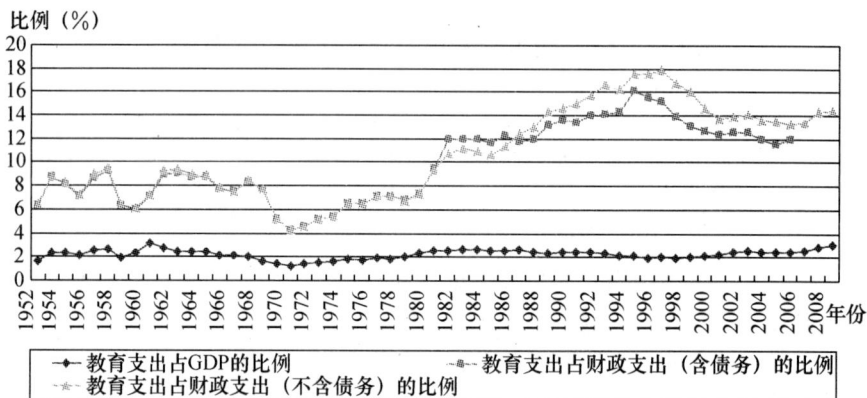

图 6.2　教育支出占财政支出总量的比重演变

注 1：上图由作者根据《中国财政统计年鉴》（2008）、《新中国五十年财政统计》和历年《中国统计年鉴》的相关数据绘制。注 2：我国从 2006 年起实行债务余额管理，国家财政预决算不再反映债务还本支出。

从新中国成立到改革开放期间，教育投资一直沿用中央集权的教育投资模式，实行国家统一划拨经费、政府包办一切的方式。因此，在政府间的教育事权关系中，教育支出的重要责任在中央政府，地方政府只在具体运行上进行管理。从改革开放到 20 世纪 80 年代，放权让利的改革使得中央财政收入大幅减少，引发全国性的教育经费严重短缺，从而导致教育事权的改革。从 20 世纪 80 年代开始，中央政府逐步把基础教育的财政支出和管理权限下放给地方政府，引入多渠道筹集教育经费的筹资机制。到 2004 年，中央政府提出了职业教育的管理体制，即在国务院领导下，分级管理、地方为主、政府统筹、社会参与的职业教育管理体制。该体制将中等职业教育的责任交给了地方政府，高等职业教育虽然实行三级办学体制，但基本由行业部门和地方政府进行管理。而 1994 年分税制改革使地方政府的财政收入在财政总量中的比重下滑，导致地方政府的教育支出受到制约，从而影响了地方政府对基础教育和职业教育的财政投入。

教育事权的下放在一定程度上缓和了中央政府教育支出责任重，而中央财政收入在总财政收入中比例下降的教育事权与财权不对称的矛盾；而分税制改革则是在教育事权下放后，将财政收入重新集中到中央政府，使得地方政府的教育事权与财权变得更不对称，结果是地方政府发展教育的财政能力面临问题，长期不良后果是地区间财政收入的不平衡会引致教育发展的不平衡。这是因为在现行的分税制和教育管理体制下，中央财政主要负责中央各部委主管的教育机构的预算内拨款，同时对落后地区的教育给予一定的资助，而地方政府则主要负责由各级地方政府主办的教育机构的预算内拨款。这就意味着中央政府把财力集中在发展高等教育上，而把基础教育和职业教育的财政支出责任和管理权限下放给地方政府；同样，省级财政也将较大部分教育经费花在高等教育上，把基础教育和职业教育财政支出的责任下放到下级政府。

（二）中国政府间的财权分配

作为事权主体的各级政府必须拥有执行和实施这些事权所需要的财政资源，否则就会鼓励地方政府从"灰色地带"获取财源，或者使事权得不到落实，为社会提供的公共产品大打折扣。因此，政府间财权的划分，必须把握合理的度，这个度的标准，就是使中央和地方的财权能与事权的支出基本匹配，各级政府的事权支出能有配套的财权来相应承接和落实。政府间的财权分配主要是指政府间财政收入的划分，计划经济国家通过企业所有权方式进行划分，市场经济国家则采用分税制的方法将不同税基的税收进行政府间划分。中国从 1949 年以来经历了计划经济、转型经济、市场经济的发展阶段，政府间的财政收入分配制度更加复杂，除了财政收入的分配以外，还有作为补充的政府间转移支付。基于本书的研究需要，我们侧重分析 1994 年分税制改革及以后的情况。

从图 6.3 我们看出，1949—1958 年财政收入集中在中央政府手中，地方财政服从中央财政的资源分配，财政体制的集权不可避免；从 1958 年到改革开放，财政体制实施了两次分权化改革，地方政府财政收入在财政总量中的比重大幅增长；改革开放后，由于农村改革的成功，从 1984 年开始，改革开放的重点转向城市，放权让利导致中央财政收入大幅削减，在总财政收入中的比重不断下降，而地方政府的份额不断上升，这一局面一直持续到 1993 年。为解决中央财政收入不足带来的各种问题，

1994 年 1 月 1 日中央政府实施了分税制改革。其主要内容为：第一，增值税和消费税作为主要收入来源，用统一的分税制度取代以前固定上缴的办法，增值税的 75% 属于中央政府、25% 属于地方政府，下一年度增加部分的 30% 留归地方政府所有。第二，中央企业主要是国有大型企业的所得税属于中央预算，其他企业的所得税属于地方预算。第三，低收入项目如个人所得税、一些财产税等属于地方预算。省级政府和下一级地方政府之间基本上按照中央政府与地方政府的模式，进行了分税制改革，同样依此类推，区别只是在收入的划分上更多的是对统一税种的多次分割。

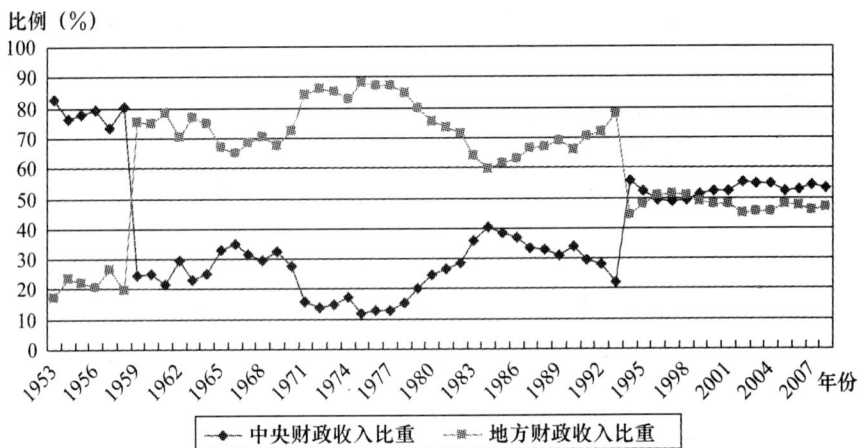

图 6.3　中央财政收入和地方财政收入占财政收入总量的比重

注：上图由作者根据《中国财政统计年鉴（2008）》和《新中国五十年财政统计》的相关数据绘制。

　　显而易见，分税制改革强调中央政府的财政收入，大大削弱了地方政府在财政收入中的比重。分税制有效地克服了"包干制"的弊端，但在许多方面仍带有旧体制的印记，是一种不彻底的分税制，因为现行分税制只解决了中央与地方的财权划分问题，省级以下政府间的财权没有得到规范划分，而且与分税制相对应的事权也没有得到规范划分。随着市场化改革的深入和公共财政的逐步建立，一方面新旧制度摩擦，社会矛盾凸显；另一方面，各级地方政府公共事权迅速扩大，支出责任迅速增大。在不规范的分税制背景下，上级政府凭借强势地位，财权重心层层上移，而事权重心层层下移，形成了目前各级政府间事权与财权的严重不对称和基层政府财政困难的局面，在相当程度上使各级地方政府对职业教育的投资能力受到制约。

二　财政投资体制对政府职业教育投入的影响

（一）中国职业教育的财政投资体制

职业教育财政投资体制是职业教育投资体制和财政管理体制的有机结合，其模式建立在职业教育投资体制模式和国家财政管理体制模式之上。一国的职业教育在一定时期内选择什么样的财政投资体制模式，关系该国职业教育财政投入的力度和效度，直接影响该国职业教育的发展水平。

1991年10月的《国务院关于大力发展职业技术教育的决定》指出，各级政府、各级财政部门、各有关业务主管部门及厂矿企业等要从财力和政策上支持职业技术教育的发展，努力增加对职业教育的投入。各级各类职业技术学校的业务主管部门要根据财力可能和事业发展的需要，与同级财政部门，制定本地区、本部门（行业）职业技术学校的生均经费标准，从政策上明确规定了各级政府和行业对职业教育的投入责任。《决定》还指出，职业技术教育必须采取大家来办的方针，要在各级政府的统筹下，发展行业、企事业单位办学和各方面联合办学，鼓励民主党派、社会团体和个人办学；要充分发挥企业在培养技术工人方面的优势和力量。《职业教育法》第二十六条（即国家鼓励通过多种渠道依法筹集发展职业教育的资金）调动了地方和社会举办职业教育的积极性，为解决职业教育经费投入不足问题，一些职业院校积累了许多成功经验，基本形成了职业教育经费的"财"、"税"、"费"、"产"、"社"、"基"六大渠道。

近年来，中国职业教育虽然仍按原来的行政隶属关系划拨教育经费，职业高中经费由主管的教育行政部门负责划拨，普通中专和技工学校经费主要由国有行业企业投资，高等职业学院经费由主管的教育行政部门或行业企业负责，但随着职业教育的市场化和国有企业产值在国民生产总值中比重的下降，原本由行业企业举办的职业学校难以得到充足的教育经费，开始不断开拓经费来源渠道；与此同时，出现了教育部门与行业企业联合投资、新型经济企业投资、社会投资和公办学校改制吸引投资等形式的投资方式，民办职业学校不断涌现并成为推动职业教育发展的重要力量，中国职业教育多元投资的体制已基本形成。

（二）职业教育财政投资体制对职业教育发展的影响

衡量职业教育战略地位是否得到落实的一个重要标志是职业教育的发展经费是否得到保障。《职业教育法》第二十七条明确规定，各级人民政府、国务院有关部门用于开办职业学校和职业培训机构的财政性经费应当逐步增长。但实际情况却是职业教育的政府投入水平与规定的指标仍有较大的差距。

从 1999 年开始，中央政府在各类教育政策文件中反复强调大力发展高等职业教育的重要性，但高等职业教育却在政府的教育财政拨款政策中遭遇不公平。国家财政对高等职业教育和普通高等教育的拨款政策是不同的。由于高等职业教育实行教育事业费以学生学费为主，所以，学生的培养费用、政策性补助都不再由国家财政核拨，而是依靠学校收费解决。国家和地方高等教育经费的安排，如生均经费、科研经费、专业和课程建设经费等，基本上也都把新成立的高职院校排除在外。2005 年高等教育预算内财政拨款为 1046.37 亿元，其中，普通本科预算内财政拨款为 936.05 亿元，占 89.46%，高职高专预算内财政拨款为 110.32 亿元，仅占 10.54%，这与高职院校的规模是极不相称的。

根据《中国统计年鉴》，国家财政性教育经费投入在中等专业学校的经费从 2001 年开始持续下滑，到 2004 年才有所增加；投入在职业中学的经费一直远远低于普通中学的经费；而从 2001 年起，投入在普通高校和普通小学的经费在逐年大幅增加，这表明中等职业教育的发展在国家财政性教育经费投入方面没有受到足够重视（见表 6.1）。

研究表明，职业教育培养成本是同级普通教育的 2.6 倍，主要用于实训基地建设和学生技能训练。政府对职业教育成本比普通教育高这一事实没有给予充分重视，我们以中等职业教育成本的分担情况为例予以说明。根据世界银行 1988 年的一项研究认为，发展中国家职业和技术学校生均成本通常比普通中学生均成本要高 153%；但从历年统计数据看，2001—2007 年全国职业中学、普通中学生均预算内教育经费支出相差并不多，2006 年两者基本持平，2007 年反而出现了倒差，距离 153% 还有很大差距（见表 6.2）。

表 6.1　　　　　　2001—2007 年国家财政性教育经费使用情况表　　单位：万元

年份	全国	中专	普通中学	职业中学	普通高校	普通小学
2001	30570099	1399673	9127805	812526	6328004	10233537
2002	34914048	1356575	10613313	888019	7521463	11636869
2003	38506237	1395182	11909022	996814	8405779	12680740
2004	44658575	1412520	13988197	1140547	9697909	14731537
2005	51610759	1439488	16424223	1357768	10908369	16690390
2006	63483648	1659219	19592115	1681029	12595712	19900667
2007	82802142	1951638	25338822	2280925	15983187	26738863

资料来源：根据历年《中国统计年鉴》数据整理而成。

表 6.2　　　2001—2007 年全国职业中学、普通中学生均预算内教育经费 单位：元

年份	职业中学	普通中学	两者生均预算内教育经费差额
2001	1433. 32	918. 57	514. 75
2002	1511. 83	1085. 33	426. 50
2003	1606. 31	1190. 37	415. 94
2004	1731. 54	1392. 88	338. 66
2005	1828. 25	1672. 73	155. 52
2006	2054. 50	2053. 76	0. 74
2007	2505. 13	2779. 89	- 274. 76

资料来源：根据历年《中国统计年鉴》数据整理计算而成。

一直以来，学界都在着重研究教育的财政性经费投入及其在普通教育与职业教育之间的分配问题，而对财政性经费在职业教育内部的分配问题关注甚少。事实上，中国职业教育的财政性经费在不同类型职业教育的分配方面也存在较大差异，形成了职业教育的内部不均衡。职业学校按主办单位不同可划分为各级政府主办学校、行业企业主办学校、民办学校；对中等职业教育来说，中专学校由行业主办、技工学校主要由国企主办、职业中学由地方政府主办。从整体上看，2000—2004 年中等职业教育中生均预算内经费最多的是中专学校，在 2000 元以上；其次是职业高中，在

1000—2000 元；最少的是技工学校，在 1000 元以下。从生均预算内经费差别的变化来看，中专与职高的差距逐渐缩小，从 2000 年的 934 元缩小到 2004 年的 464 元，而中专与技校的差距却逐渐扩大，从 2000 年的 1559元扩大到 2004 年的 1611 元。

综上所述，我们把职业教育财政投资体制对职业教育发展的影响概括为财政性职业教育经费投入总量不足和结构失衡。职业教育投资不足直接产生了许多阻碍职业教育健康发展的问题，主要表现为以下两个方面：

第一，无法体现职教特色，造成了职业教育数量与质量之间的矛盾。职业教育主要培养技能型人才，专业技能的训练是教学的主要环节，实训实习基地建设是职业院校的特色。由于职业教育的财政投入不足，特别是近几年高职的扩招，职业院校将有限的经费用于维持正常的学校运转后，能够用于实训实习基地建设的经费已经所剩无几，许多学校的实践教学形同虚设，根本无法达到培养技能型人才的要求，不能有效体现职业教育的特色。

此外，许多职业院校为了节约经费开支，求生存、求发展，纷纷大量开设成本较低、与普通高校几乎雷同的文科专业，聘请不适合职教教学的兼职教师，使职业教育的发展陷入数量与质量发展严重失衡的矛盾之中。如果 2010 年职业教育的招生规模真正达到同级教育的一半，那么以目前职业教育的财政性经费投入的规模和增长速度，不仅不能保障职业教育的健康发展，反而会带来职业教育数量与质量的更加失衡。

第二，教育经费负担的转嫁抑制了职业教育的发展。由于财政性职业教育经费的投入不能满足职业院校的办学需要，学杂费就顺理成章地成了学校办学经费的重要来源，直接导致了职业院校学生接受职业教育的成本居高不下。在个人直接成本中，与普通中学相比，中等职业教育偏高。据统计，2006 年以学杂费为主要形式的教育投资，职业中学人均为 919.57元，中专人均为 1161.71 元，技校人均为 588.46 元，中等职业教育人均为 889.91 元，普通中学人均为 450.64 元；中等职业教育学杂费人均高于普通中学 439.27 元[1]。高等职业教育的办学经费也主要由学生来承担，高等职业院校的收费标准普遍高于普通高等院校，2004 年公立高等职业

---

① 根据 2006 年《中国统计年鉴》数据整理计算而成。

院校的平均收费标准为 7500 元/年，民办高等职业院校的收费标准为
10000 元/年；而普通本科高校平均收费标准仅为 5500 元/年。

因此，中国职业教育的发展经费是以家庭教育投入为基础的。而接受
职业教育尤其是技工类职业教育的学生，大都来自中低层收入的家庭
（例如，就读职业院校的学生中 80% 以上是农民子女和城镇低收入家庭的
子女，2006 年 30% 左右的学生来自经济困难家庭）。高昂的学费和落后的
职业教育对职业教育的生源产生了极为不利的影响，抑制了低收入群体的
教育需求，巨大的职业教育潜力没有转化为现实的有效需求。

正是基于职业教育的特殊性，世界各国在发展职业教育的过程中，都
是由政府加大财政投入，支持职业教育的发展。而中国许多职业院校的财
政性经费不到办学经费的一半，其余经费主要靠收费来解决，使职业教育
的发展表现出相对弱势。因此，政府财政投入不足是导致家庭教育投资负
担过重、缺乏职业教育投资积极性的重要原因。在职业教育发展滞后的情
况下，政府应该通过经济杠杆即降低收费标准来引导和约束中学生的合理
分流，满足困难家庭学生接受职业教育的需求。但是，我们所实行的比普
通教育高得多的职业教育收费政策，无疑是逼迫学生去挤"独木桥"或
辍学，直接影响了职业教育特别是技工类职业教育的健康发展。

第三节　政府职业教育投资的激励

即使政府具有足够的财政投资能力用于教育投资，也不一定会使得职
业教育发展良好，因为这取决于政府的职业教育投资意愿。根据公共选择
理论，政治领域的人与市场领域中的人一样，他们有自己的私利，有理由
被设想为追求私利最大化的人，正如布坎南所说，"当人们改变角色时，
并没有变为圣人"[1]。在这样的假定下，我们可以用新古典经济学的研究
方法对政府行为进行研究。因为中国政治经济制度与西方有较大不同，要
研究中国政府的行为，就必须结合中国特殊的政治经济制度。如前文所
述，由于目前职业教育的投资责任主要在地方政府，我们就侧重分析地方

---

[1]　布坎南：《自由、市场与国家》，上海三联书店 1989 年版，第 347 页。

政府的职业教育投资激励。

一　二元政府职能与地方政府职业教育投资的激励

（一）中国政府特有的二元政府职能

我们可以把中国特殊的政治经济制度称为"政治集权、经济分权"的制度①，中国政治体制有两个基本特征：一是以 GDP 为主的政绩考核机制；二是基于民意调查基础上的上级官员任免制度。在这一制度体系下，地方政府经济发展的激励主要来自两个方面：财政分权激励和政治晋升激励。在新古典经济学中，经济学家依然认为，大多数资源应该由市场来配置，政府只是市场失灵时的辅助。但是，中国政府不仅承担着经济学界定的公共服务职能，还承担了相当部分的资源配置和经济发展职能，这在计划经济体制中表现得非常明显，而改革开放后的经济体制改革并没有弱化这种情况。因此，这就形成了中国政府特有的"二元政府职能"：经济发展和公共服务②，而且经济发展在政府职能中占有相当大的分量。中国特殊的政治经济制度与这种二元政府职能相互作用、密切相关，构成了分析地方政府职业教育投资激励的制度背景。

（二）地方政府职业教育投资的激励

地方政府为追求自己目标（即财政收入和政治晋升）的最大化，就必须坚持二元政府职能间的平衡，因为如果地方政府仅将财政资源投入有利于经济发展的财政支出部分，那么依赖于民意调查基础上的政绩考核机制必然不利于其政治晋升。这里，财政收入既是地方政府追逐的目标，又是其另一追逐目标（政治晋升）的约束条件；地方政府追求财政收入最大化的最终目标是追求政治晋升，因为财政收入的增长使得地方政府有更加充足的资源实现其目标（这一假设与现实基本相符，因为地方政府实行"一把手负责制"，地方党政大员掌握着最主要的资源配置权力，他们的行为逻辑基本决定了整个地方政府的行为逻辑）。

地方政府追求自身目标的内生变量是地方财政的支出结构。为便于分

---

① 王永钦等：《十字路口的中国经济：基于经济学文献的分析》，《世界经济》2006 年第 10 期。

② 胡书东：《经济发展中的中央与地方关系：中国财政制度变迁研究》，上海人民出版社 2001 年版。

析，我们将财政支出分为两部分：经济建设投资支出和公共支出。两种支出之间是竞争关系：地方政府如果把财政收入主要投资于公共支出就会相应减少经济发展的投资支出；反之亦然。地方政府的财政收入包括预算内收入和预算外收入；同样，其支出也分为预算内支出和预算外支出。我们将地方政府的财政支出路径描述为图6.4，本书关注的是职业教育财政支出部分。

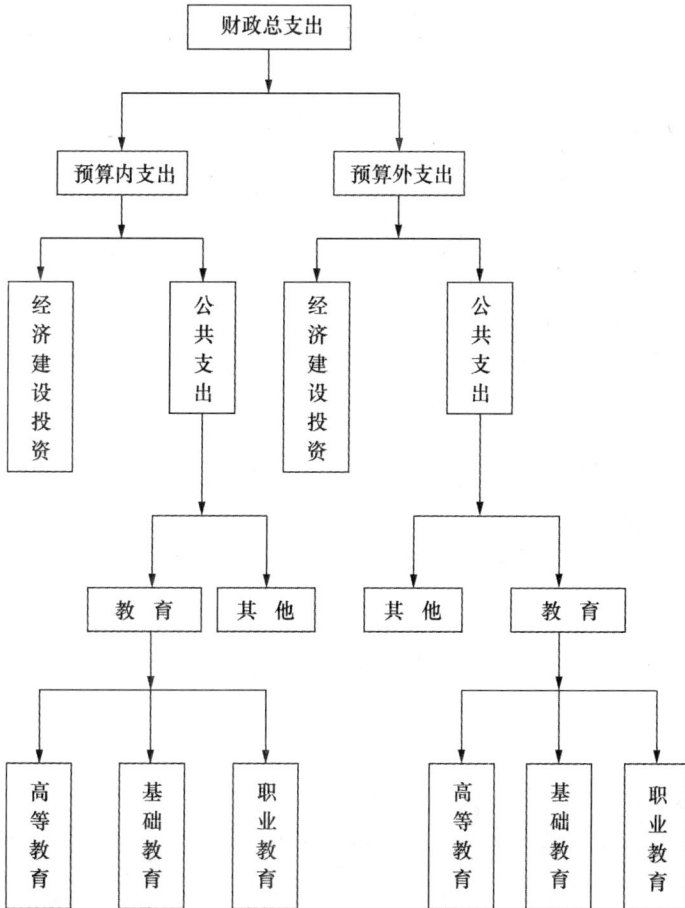

图6.4 中国政府财政支出的路径

地方政府官员的政治晋升采用的是"锦标赛"形式。在锦标赛中，只有一个获胜者，胜者获得所有奖励，败者一无所有；而锦标赛的测度指标是以 GDP 为核心的政绩[①]。这就意味着在锦标赛中失败的可能性很大，具有极大的风险，因此，地方政府就有激励在财政允许的情况下，将有利于经济增长的财政支出最大化，以确保在锦标赛中获胜的概率。因此，即使用于经济增长的财政投资效率很低，所有的地方政府都没有激励削减用于经济增长的财政支出，从而导致地方政府公共支出缺口很大，严重制约社会公共事业的发展，一向不被重视的职业教育能分配到的财政经费就可想而知了。这就是目前中国地方政府财政支出的基本特征。

此外，地方政府缺乏教育投资激励，尤其缺乏职业教育投资激励的另一个原因是地方政府决策的集权化，即"一把手负责制"。地方党政首脑一般任期较短[②]，这就决定了地方政府行为的多变性和短期化。在地方政府的晋升竞赛中，由于 GDP 增长率及其排序的重要性，而且公共支出被挪用的后果往往出现于现任地方党政首脑的任期之外，地方党政首脑为了确保自己的晋升，就有极大地激励削减公共支出资金以增加用于经济增长的财政支出，从而出现了屡禁不止的重复建设和形象工程。这种不负责任的政府投资行为给地方公共事业造成了严重欠债，必然给未来的地方公共支出体系带来极大风险，严重影响包括职业教育在内的公共事业的健康发展。

二　地方政府职业教育投入的激励机制分析

政府财政投入不足是职业教育发展滞后的主要原因，而职业教育的落后又成为家庭教育投资不选择职业教育的主要原因，如此恶性循环将职业教育"锁定"在次等教育的地位。下面我们从职业教育管理体制的视角，运用机制设计理论中的多任务委托代理模型，考察该模型对官员晋升激励方面的适用性，以解释地方政府对职业教育的财政投入不足问题。

（一）关于地方政府对职业教育投入不足问题

随着工业化进程的迅速发展，职业教育发展的相对滞后所导致的人力

---

① 周黎安：《中国地方官员的晋升锦标赛模式研究》，《经济研究》2007 年第 7 期。

② 由于我国特殊的政治体制，地方政府党政首脑更换频繁，地方政府的政策缺乏连续性。如李建国在山东省委书记任上只有短短几个月时间。

资本结构的不合理日益成为中国经济发展的严重障碍。为什么在中国政府主导型的教育事业发展中，政府在具有较大激励推动普通教育发展的同时，发展职业教育的动力却相对较弱？我们认为，中国职业教育的管理体制是职业教育被"弱化"的制度根源。2004年国务院完整地提出了职业教育的管理体制，即在国务院领导下，分级管理、地方为主、政府统筹、社会参与的职业教育管理体制。在该体制下，高等职业教育实行中央、省（自治区、直辖市）、中心城市三级办学体制，由国家教育部、中央各有关业务部门和省市自治区人民政府及其所属的教育行政机构进行管理；中等职业教育主要由地方负责，即省、市、自治区所属的中等专业学校，由省、市、自治区领导，有关业务部门管理，属中央各部门办的，地方应给予协调和配合。该体制将中等职业教育的责任交给了地方政府，高等职业教育虽然实行三级办学体制，但基本由行业部门和地方政府进行管理。

在职业教育的经费筹措机制上，中央政府只是强调以地方政府为主，多渠道筹集经费来源。但是地方政府并不能保证职业院校的办学投入，因为上级政府未将职业教育工作列入下级政府工作的硬性考核指标，使各级政府不重视职业教育的发展。2004年教育部等七部门在《关于进一步加强职业教育工作的若干意见》中指出，"县级以上地方人民政府也要建立相应的职业教育部门联席会议制度，形成有关部门分工协作、齐抓共管的工作机制。要把职业教育工作列入年度教育工作报告的重要内容，向人大、政协报告职业教育工作，并接受检查和指导"。但这仅仅是个部门规章，不是法律法规，而且也没有规定法律责任，实质上是一种口号式、宣言式的文件，其实际效果可想而知。我们认为，地方政府之所以在职能定位上重视普通教育而忽视职业教育，是因为在现行政治体制下，以绩效考核为主导的目标管理模式所导致的激励结构扭曲。

（二）关于地方政府对职业教育投入不足的理论解释

下面我们根据机制设计理论中的多任务委托代理模型，考察该模型对官员晋升激励方面的适用性，解释地方政府对职业教育的投入不足问题。

1. 目标责任制与职业教育的弱化：理论模型的简单描述

从晋升机制设计出发，我们认为，职业教育之所以弱化，是以目标责任制为主导的政绩考核方式在解决多任务委托—代理关系时必然失灵的结果。基于霍姆斯特龙和米尔格罗姆（1991）的多任务委托代理关系理论的基本思想，我们先用一个简单的理论模型解释中国政府官员的目标责任制如何弱化了职业教育发展。

假设上级官员通过目标责任制这种绩效考核方式来引导下级官员在追求"普通教育发展"（指标 x）的同时也要注重"职业教育发展"（指标 y），并分别以 a 和 $1-a$ 的权重来衡量两项任务的重要性（$0 < a < 1$）。由此，下级官员的最终绩效得分 $Q = aQx + (1-a) Qy$（Q 代表上级官员对下级官员任务完成情况的评分）。在目标责任制的考核规定下，x 与 y 对于下级官员而言具有很强的替代性——如果指标 y 的得分 Qy 不高，那么通过提高指标 x 的得分 Qx，下级官员依然可以获得他认为最满意的分值；同理，如果指标 x 的得分 Qx 不高，那么下级官员通过提高指标 y 的得分 Qy，也可以获得他认为最满意的分值。

下级官员是选择将更多的资源投入指标 x 还是将更多的资源投入指标 y，取决于两个因素：（1）a 的大小；（2）x 与 y 两者的可观测性、可替代性及其替代程度的大小。一方面，如果 a 更大，上级官员对 x 设置了更大的权重，那么下级官员就会将更多的资源投入 x；另一方面，若 a 并不大，但 x 相对于 y 而言具有更好的可观测性，那么，由于上级官员在评判下级官员 y 值的过程中会受到更多随机扰动因素的影响，即便某个下级官员在工作中付出了更多努力去追求较大的 y 值，但在 y 值的最终得分上也可能不会与那些在 y 上付出较少努力的其他官员相差太大，从而使得他们在 Q 值的最终得分上相差无几。在这种情形下，下级官员就会仍然将更多的资源投入到"实实在在"的（即被上级官员所实际观测到的、得到认可的）硬指标 $-x$ 指标，而对于 y 指标就仍然较为忽视（即使 y 指标也同样重要从而被上级官员所重视，即 $1-a$ 值并不比 a 值小）。在中国教育事业发展的现实中，相对于普通教育而言，职业教育所具备的可观测性并不占优势，主要原因在于普通教育既受到民众和官员的认可又具有较为直观和容易的衡量指标（即升学率），而职业教育既具有不受重视的传统又不具有较为直观和容易的衡量指标从而会受到相当大的主观随机因素的干扰。

2. 理论模型的正式表述

我们构建基于多任务委托代理关系的官员晋升激励模型来解释官员政绩考核的失灵。委托代理理论认为，由于公共部门目标的多重性或任务的多维性，过于强调绩效考核会导致激励结构的失衡与激励结果的扭曲，这决定了在公共部门，如果实施固定报酬契约的形式要优于基于客观业绩评价的显性激励契约的形式（Holmstrom and Milgrom，1991；Williamson，1985）。中国的政府部门，虽然货币工资支付的契约设计采用了固定报酬的合同形式，但由于政治体制的机制设计中强调对官员政绩的考核并通过对政绩的比较进行竞争，因此，对于官员晋升激励的理论分析必然会得出如下结论：官员具有足够的动力去努力完成那些较容易被观测或测度的任务，而对那些不容易被观测或测度的任务却存在较严重的动力不足。我们以霍姆斯特龙和米尔格罗姆（1991）的模型为基础，对中国以目标责任制为主导的政绩考核方式导致下级官员激励结构扭曲的机理加以分析。

（1）基本假设。在中国政府部门的晋升考核模式中，目标责任制的完成情况是决定官员晋升考核的重要依据，上级政府向下级政府官员布置工作任务时把任务分解为可以测度的具体指标，以官员对指标的完成情况作为评价官员努力程度的客观依据，并试图通过绩效考核的方式"全方位"地引导下级官员的行为。

［假设1］在教育事业的发展中，地方政府面临两项任务，即"普通教育发展"和"职业教育发展"。由于努力程度的选择是同时进行的，因此构成了一个静态博弈。我们假设下级官员努力程度的向量是 $a = (a_1, a_2)$，其中，a_1 是在"普通教育发展"上的努力，a_2 是在"职业教育发展"上的努力。当下级官员的努力为 $a = (a_1, a_2)$ 时，就决定了一个二维信息向量 $X = [x_1, x_2]^T$。其中，$x_i = a_i + \varepsilon_i$，$(i = 1, 2)$，$x_1$ 衡量了官员促进"普通教育发展"所取得的绩效，x_2 则衡量了官员促进"职业教育发展"所取得的绩效。ε_i 表示外部随机干扰因素的影响，它决定下级官员所承担任务可被观测的程度，并且，$\varepsilon_i \sim N(0, \sigma i^2)$，协方差矩阵为 $\Sigma = (\sigma_{ij})$，$i = 1, 2$。也就是说，被观测的信息不仅取决于下级官员自身的努力程度 a_i，而且还受到外部随机因素 ε_i 的影响。

［假设2］假设 $B(a_1, a_2)$ 为上级政府当下级官员的努力程度为 $a = (a_1, a_2)$ 时所获得的社会总收益，$C(a_1, a_2)$ 为下级官员的努力成本。$B(a_1, a_2)$ 是严格递增的凹函数，即 $B_i > 0$，$(B_i = \frac{\partial B}{\partial a_i})$，$C(a_1, a_2)$

是严格递增的凸函数，即 $C_i > 0$，$C_{ii} > 0$，（$C_i = \dfrac{\partial C}{\partial a_i}$），而两项任务努力成本的依存关系可表示为 $C_{ij} = C_{ji}$。若 $C_{ij} = 0$，则表示下级官员从事的两项任务是相互独立的，即一项任务努力程度的提高不会引起另一项任务边际机会成本的变化；若 $C_{ij} < 0$，就表示下级官员从事的两项任务是互补的，即一项任务努力程度的提高会引起另一项任务边际机会成本的降低；若 $C_{ij} > 0$，则表示下级官员从事的两项任务是替代的，即一项任务努力程度的提高会引起另一项任务边际机会成本的提高。一般地，下级官员所承担的两项任务具有替代关系，即 $C_{ij} > 0$。

[假设3] 假定上级政府是风险中性的，下级官员是风险规避的，并进一步假设下级官员具有不变的绝对风险规避度。为把政治晋升机制下下级官员的锦标赛式博弈行为模式嵌入模型，设定如下：当某下级官员最终完成的绩效为 $X = [x_1, x_2]^T$ 时，可获得上级政府的"晋升支持度" $\beta^T X$，其中 $\beta^T = [\beta_1, \beta_2]$，$\beta_1$ 与 β_2 可理解为努力程度为 a_1、a_2 时的"晋升激励强度系数"。由于在晋升职位稀缺的情形下，上级政府对于某个下级官员的"晋升支持度"越大则越容易导致其他同级官员的忌妒和反对，因此也可从上级政府的角度把 $\beta^T X$ 理解为上级政府为激励下级官员努力工作所付出的代价。

（2）数学模型的构建与分析。根据假设，由于上级政府是风险中性的，给定 $\beta^T X$，则上级政府（考虑了晋升锦标博弈中其他官员的反对）的期望效用就等于因社会总收益提高带来的效用减去博弈锦标赛中其他官员的反对程度，即：

$$B\,(a_1,\ a_2)\ -\beta^T X$$

下级官员获得的"政治利润"等于上级政府的晋升支持程度减去努力成本，用 π 表示，即：

$$\pi = \beta^T X - C\,(a_1,\ a_2)$$

根据假设，下级官员是风险规避的，并且具有不变的绝对风险规避度，如果以 $\mu\,(\pi) = -e^{\rho\pi}$ 的形式作为下级官员的效用函数（ρ 为绝对风险规避度），则可计算出下级官员的确定性等价收入为：

$$CE = \beta^T a - 1/2\rho\beta^T \textstyle\sum \beta - C\,(a_1,\ a_2)$$

其中，$\beta^T a$ 为期望政治晋升效用，$1/2\rho\beta^T \sum \beta$ 为风险成本。

因此，上级政府面临的问题就是选择 $\beta^T = (\beta_1, \beta_2)$ 以最大化自己的总确定性等价收入，即：

$$\max\{B\ (a_1,\ a_2)\ -1/2\rho\beta^T\Sigma\beta - C\ (a_1,\ a_2)\} \qquad (6.1)$$

同时满足下级官员的个人理性化约束（IR）：

$$a + \beta^T a - 1/2\rho\beta^T\Sigma\beta - C\ (a_1,\ a_2)\ \geqslant \overline{\mu} \qquad (6.2)$$

和激励相容约束（IC）：

$$(a_1,\ a_2)\ \in \arg\max\{\beta^T a - C\ (a_1,\ a_2)\} \qquad (6.3)$$

若所有 a_i （$i = 1, 2$）严格为正（$a \gg 0$），则激励相容约束简化为：

$$\beta_i = \partial C\ (a)\ /\partial a_i = C_i\ (a),\ i = 1,\ 2 \qquad (6.4)$$

上式隐含地决定了努力函数 $a_i = a_i\ (\beta^T)$。对（6.4）式求导，得：

$$\partial\beta/\partial a = [\ C_{ij}],\ \partial a/\partial\beta = [\ C_{ij}]^{-1} \qquad (6.5)$$

其中，$\partial\beta/_{\partial_a} = \begin{bmatrix} \partial\beta_1/\partial a_1 & \partial\beta_1/\partial a_2 \\ \partial\beta_2/\partial a_1 & \partial\beta_2/\partial a_2 \end{bmatrix}$；$[\ C_{ij}] = \begin{bmatrix} C_{11} & C_{12} \\ C_{21} & C_{22} \end{bmatrix}$

若 $C\ (a_1,\ a_2)\ = 1/2a_1^2 + 1/2a_2^2$，即下级官员的两项任务的努力边际成本是独立的，则：

$C_i = a_i,\ C_{ii} = 1,\ C_{ij} = C_{ji} = 0,\ \partial a_i/\partial\beta_i = 1,\ \partial a_i/\partial\beta_j = 0,\ i \neq j$

即 $\begin{bmatrix} \partial\beta_1/\partial a_1 & \partial\beta_1/\partial a_2 \\ \partial\beta_2/\partial a_1 & \partial\beta_2/\partial a_2 \end{bmatrix} = \begin{bmatrix} 1 & 0 \\ 0 & 1 \end{bmatrix}$

应用（6.4）式和（6.5）式，得到上级政府最大化（6.1）式的一阶条件为：

$$\beta = (I + \rho[\ C_{ij}]\ \Sigma)^{-1}B' \qquad (6.6)$$

其中，I 为单位矩阵，$B' = (B_1,\ B_2)^T$ 为一阶偏导数向量，即 $Bi = \partial\beta/\partial a_1$ 是第 i 种任务的努力边际收益。并且在假设条件下，（6.6）式也是最优化的充足条件。

特别地，如果随机向量 ε 是独立分布的即 Σ 是对角矩阵，两项任务努力的成本函数是独立的，即 $C_{ij} \neq 0$，$i \neq j$，这时上级政府最优化一阶条件（6.6）式就变为：

$$\beta_i = \frac{B_i}{1 + \rho C_{ii}\sigma_i^2},\ i = 1,\ 2 \qquad (6.7)$$

在这种情况下，最优 β 是相互独立的，因为下级官员在给定任务上的最优努力独立于其他任务上的努力。如同单一任务委托一样，β_i 是绝对风险规避度 ρ、边际成本的变化率 C_{ii} 和方差 σ_i^2 的递减函数。

但根据下级官员所承担的"普通教育发展"和"职业教育发展"这两项任务的性质，一般地会有：$C_{ij} \neq 0$，这样下级官员努力成本的相互依存性在决定最优绩效考核激励 $\beta^T X$ 上具有重要作用。事实上，在下级官员所承担的任务中，对"职业教育发展"事业的完成效果是不易被上级政府直接观测到的，上级政府所能容易直接观测到的是以升学率等指标表现出来的普通教育发展的业绩。如果以职业教育发展业绩来判断下级官员工作的能力程度，那么可观测到的唯一信息是：$x = x_1 = a_1 + \varepsilon_1$。

同时，由于在自上而下的考核模式下，职业教育发展任务的完成情况难以被直观观测，因此可近似地认为协方差矩阵 $\sum$ 中 σ_{22}^2 为无限大，而其承担的任务又是可替代的，即 $\sigma_{12} = 0$。这时，如果 $a \gg 0$ 即下级官员在两项任务上都有正的努力时，下列条件必须满足：

$$\beta_1 = \frac{B_1 - B_2 C_{12}/C_{22}}{1 + \rho \delta_1^2 (C_{11} - C_{12}^2/C_{22})} \quad \beta_2 = 0 \quad\quad\quad (6.8)$$

（6.8）式表明，随着下级官员"职业教育发展"任务完成情况被观测的不确定性的提高，由于下级官员所承担任务的可替代性，他们对推动职业教育发展的激励强度会越来越小。如果当职业教育发展任务完成的结果完全不可观测时，对下级官员职业教育发展任务的激励强度趋于零。也就是说，在多任务委托—代理情况下，强调绩效考核的目标管理模式对于下级官员的激励效能被弱化了。弱化的原因可直观地解释为：在多任务情形下，如果任务之间的努力具有可替代性，那么下级官员增加某一任务的努力程度会提高其他任务的边际机会成本，从而使得下级官员常常将努力集中投入那些容易被观测和评价的任务中，并以牺牲不可观测任务的努力作为代价，由此导致激励机制的激励效能被弱化。

根据以上理论模型的分析，我们得出一个基本命题：强调绩效考核的目标管理模式容易导致下级官员激励结构的失衡。在以官员的工作业绩为主要衡量指标的晋升考核方式的制度引导下，下级官员具有充足的激励去追求那些能够被上级政府观测到的任务，而对那些难以被观测或衡量的任务却存在着激励不足的缺陷。由于"普通教育发展"和"职业教育发展"这两项任务在性质上具有可测程度的强弱之别，而且接受职业教育（特指技工教育）的主体是低层次居民家庭的子女，他们的利益不容易被政府关注，各级政府官员缺乏来自直接切身利益的激励，因而绩效考核的目标管理模式必然诱导下级官员努力追求普通教育的发展而忽视推进职业教育的发展。

如果地方政府都遵循这样的逻辑，其结果就是职业教育发展滞后导致持续的技工短缺，技工的持续短缺会引发经济发展的困境，事实也是如此。经济发展的困境又会恶化地方政府的财政收入状况，这就形成了一个恶性循环：经济发展缓慢，财政收入低，教育财政支出随着公共支出的减少而大幅下降，教育质量下滑，劳动力素质和技能低，经济发展环境更加恶化，经济结构调整和升级遥遥无期，经济增长质量差效益低；而且越是贫困地区，这一现象越严重。在现行职业教育管理体制下，以绩效考核为主导的目标管理模式所导致的激励结构扭曲，只能弱化职业教育发展；目前中央政府采取免除农业类专业中职生学杂费等政策，对整个职业教育的健康发展可谓杯水车薪。要解决职业教育发展滞后问题，治本之策是改革现行的职业教育管理体制，设计更为合理有效的激励机制，解决地方政府对职业教育投入不足问题。

第七章 劳动力市场与技工短缺

第一节 竞争性劳动力市场和中国
劳动力市场的主要问题

一 竞争性劳动力市场及其特征

市场机制之所以能够对劳动力资源进行合理配置，是由于各种市场经济规律综合作用下而形成的自发调节资源合理分配的机理。这种机理突出表现在市场信号（市场供求与市场价格）能够正确地反映资源的稀缺程度，并在市场竞争机制的作用下，诱导资源由供给过剩向供给不足、由效益低向效益高的部门或领域流动，使包括劳动力在内的各种生产要素，以最有效的方式得到充分利用。劳动力资源的配置和重新配置，是以市场信号为导向、以市场竞争为动力、以劳动力流动为条件的。唯有不断地合理流动才能把劳动力要素配置于社会生产率最高或劳动力产出最大的部门或领域。因此，劳动力要素的流动成为经济增长的重要变量之一。

社会主义市场经济也是以市场作为配置资源的基础性手段，其配置对象不仅仅是生产资料，还包括其他生产要素，尤其是劳动力要素。在诸生产要素中，劳动力要素居于首要地位，如果把劳动力要素排除在市场机制配置之外，这种市场经济就不是真正意义上的市场经济。作为弥补市场失灵的政府计划和政策，不但不能破坏这个基础，还必须服从市场的正常运行，有利于市场配置基础性作用的有效发挥。

所谓劳动力市场，就是劳动力供求之间在劳动力使用权的转让与购买上达成的一系列合约的综合。劳动力使用权的转让与购买，是完全出于自愿而进行的劳动力交换活动，反映了以劳动力交换合约为基础的劳动力供给与需求之间的关系，只有当这种关系成为一种普遍的社会现象时，才能成为劳动力市场。

竞争性劳动力市场的基本特征是：（1）市场主体地位明确，通过双向选择实现就业。所谓双向选择就是劳动者的择业自主权和用人单位的用人自主权，这种双向选择权利的充分实现，必须要有一个统一、开放的劳动力市场，不仅要消除所有制、身份的界限，还要冲破城乡隔离、地区封锁的樊篱。没有劳动力的自由流动，调节资源分配的劳动力市场就失去了生命力。（2）供求关系和价值规律调节劳动力的流动。劳动力供求双方都接受价格信号（工资率）的引导，工资率调节着劳动力资源在社会各种用途之间的分配。在劳动力市场上，价值规律的作用是通过收入分配反映出来的，劳动者主要根据价格信号来决定就业或跳槽，用人单位则主要根据社会平均劳动力价格信号和经营状况来决定用人数量。因此，任何单个劳动力的供给者和需求者都以这个社会决定的工资率为前提，按照自身利益最大化的原则决定劳动力的供给和需求数量。利益的驱动和自由竞争是劳动力市场调节劳动力资源分配的至高权威，是劳动力市场的灵魂。

二　中国劳动力市场存在的主要问题

劳动力市场是劳动力资源进行有效配置的机制。在正常情况下，劳动力市场的供给与需求能够通过市场调节的力量，保持总量上乃至结构上的大体均衡，从而能够避免畸形的供求关系的发生和存在，实现劳动力市场的出清，使劳动力资源得到合理配置，促进经济发展。相反，一个不健全、不完善的劳动力市场，会诱发不合理的劳动力生产方式和非理性的劳动力需求，扭曲市场关系。技工短缺问题根植于劳动力市场的发展过程之中，如果对中国劳动力市场存在的问题缺乏全面分析和深刻理解，就很难清晰而准确地分析技工短缺问题的存在根源。

目前，中国劳动力资源配置方式的转型并没有完成，劳动力市场的发展相对滞后，还存在市场化水平低、发育不平衡、机制不健全、规则不完善、关系不和谐等一系列问题，妨碍劳动力市场功能的正常发挥。本书认为，中国劳动力市场存在的主要问题是劳动力市场分割。中国计划经济时期形成的劳动力市场分割状态，迄今尚没有完全打破，不仅传统二元户籍制度依然制约劳动力在城乡之间、地域之间的自由流动，而且形成了国有部门与非国有部门之间、主要劳动力市场与次要劳动力市场之间的劳动力市场分割。劳动力市场分割阻碍了劳动力的自由流动，妨碍了市场在优化劳动力资源配置中基础性作用的发挥。

第二节　　劳动力市场分割的类型

一　中国劳动力市场分割的类型

20 世纪 90 年代初期，国内学者开始引进劳动力市场分割概念，用于分析中国劳动力市场的体制性分割现象。尽管国内学者对中国劳动力市场分割的认识存在诸多差别，但基本认同这样一个观点，即中国劳动力市场分割与西方成熟市场经济国家有明显不同，具有显著中国特色，中国劳动力市场的分割主要是制度性分割。

中国劳动力市场的分割首先表现为制度性分割，包括城乡劳动力市场的分割、不同体制的部门之间的分割等，而且导致这种分割的传统制度仍然在继续实施。虽然部分明显带有歧视性的政策已经逐渐被取缔，但因为制度的惯性作用，其分割劳动力市场的效应还将长期存在。其次，表现为外部劳动力市场与内部劳动力市场的分割。内部劳动力市场是现代化大企业加强人力资源管理的一种重要方式。很多企业都有一套正式的规则来确定雇员的聘用与解雇方式，如果某些岗位出现空缺，企业往往不是面向全社会招募员工，而是首先查询企业内部的人才库，或者在企业内部公开竞聘。只有内聘仍然无法满足需求时才向社会招聘。这种做法对维持企业的稳定以及激励员工努力工作都有特定意义。这种内部劳动力市场有效地将劳动力的内部供求与外部供求隔离开来，传统经济学自由竞争的基本原理在此失去了作用。

劳动力市场分割理论的基本结论是人力资本作用的发挥取决于一定的制度和社会性因素；如果劳动力市场是分割的，那么被阻挡在主要劳动力市场之外的居民的人力资本投资就可能存在不足[①]。劳动力市场分割理论为本章的分析提供了重要理论基础，使我们能从一个新的角度去审视技工短缺问题。

---

① 实际上，劳动力市场分割还有产品原因和技术原因。

二　中国劳动力市场的制度性分割

在中国劳动力市场的各种分割现象中，制度性因素是最主要因素，其他类型的劳动力市场分割也在很大程度上与传统制度设计有关。中国劳动力市场的制度性分割包括城乡劳动力市场分割、体制性分割即不同体制部门之间的分割（分割为体制内和体制外劳动力市场）；而体制内劳动力市场又可根据部门、行业垄断程度的不同大体上划分为垄断性行业（包括行政、事业单位、国有垄断企业等）和竞争性行业的劳动力市场。这些不同市场之间，不仅待遇、收入相差悬殊，而且流动性很低，尤其是由体制外向体制内，由竞争性行业向垄断性行业流动，因户籍等制度的种种约束更是困难重重。

（一）户籍制度：制度性劳动力市场分割的基本工具

户籍制度可以十分方便地进行人口的身份鉴别，利用这个与生俱来的标签将城乡劳动力分割开来是很容易的事情。实际上中央政府和地方政府正是利用这一工具，通过行政和立法手段来干预劳动力的自由流动，以利于当时政策目标的实现。尽管中央及各地政府都对户籍制度进行了一系列改革①②，但到目前为止，户籍制度仍然是限制人口自由迁徙和劳动力合理流动的桎梏。

总之，户籍制度和基于户籍制度的一系列法规和政策将劳动者分为不同的类别，并规定某些类别只能在何处就业以及只能从事某些职业，成为中国劳动力市场的各种制度性分割的根源。这种制度为劳动力的自由流动设置了种种障碍，影响了人力资本的合理配置。

（二）路径依赖：制度因素对劳动力流动的长期影响

中国的户籍制度是一项完全由政府主导的强制性制度安排。一项新制

---

① 2009 年 12 月中央经济工作会议决定，积极稳妥推进城镇化，提升城镇发展质量和水平。要坚持走中国特色城镇化道路，促进大中小城市和小城镇协调发展，着力提高城镇综合承载能力，发挥好城市对农村的辐射带动作用，壮大县域经济。当前，要把重点放在加强中小城市和小城镇发展上。要把解决符合条件的农业转移人口逐步在城镇就业和落户作为推进城镇化的重要任务，放宽中小城市和城镇户籍限制，提高城市规划水平，加强市政基础设施建设，完善城市管理，全方位提高城镇化发展水平。

② 自 2008 年 3 月浙江慈溪、吉林长春废止暂住证，实施居住证以来，目前全国已有至少 10 个城市实施这项制度。据统计，这些城市外来人口持有居住证后，将在社保、就业等方面，至少比之前多享有 5 项权益，并且其中 5 城市表示满一定年限后，将允许居住证入户。

度产生于制度供给者在特定环境下对这项制度的成本收益的比较，如果收益大于成本，一项新制度安排便可能产生。但是，这种比较往往和制度供给者的价值标准、对各种制度变量的把握、对未来环境变化信息的预测有关。由于信息是不完全的，未来充满了不确定性，这种制度在当时可能有较高收益，但随着时间推移，这项制度可能已经变得不再有效，甚至完全背离制度设计者的初衷，但由于制度的路径依赖效应，制度创新往往会出现滞后。

路径依赖是指制度变迁过程中一旦某条路径被选择，它就会沿着这条路径一直走下去，也就是说，一种解决方法的产生或许是偶然的，而一旦这种方法被认可，在自我增强机制的作用下，报酬递增普遍发生，制度变迁会沿着初始路径，进入一个互为因果、互相促进的循环之中。

新中国成立后，城乡差别不仅没有在社会平等的旗帜下逐渐缩小，反而随着一系列制度的实施有扩大之势。中国的城乡教育体系巩固了城乡分割的基础。较差的教育条件、较低的升学率使农村学生辍学率大大高于城市，农村人口平均受教育年限也大大低于城市，较少的人力资本积累进一步为他们将来进入城市就业设置了障碍。基于城乡分割的制度体系造成了一系列不可逆转的后果，即使这些制度被取缔以后，其影响依然会在相当长的时期内存在，原因在于传统制度造成的城乡隔离的鸿沟难以在短期内被填平，而依附于这种隔离制度的利益集团仍没有消失，并继续成为制度变革的阻力。

中国试图在城乡完全隔离的状态下实现工业化，农村要为工业化提供必要的经济资源，但又不能有机地融入整个工业化进程中，产品价格和生产要素价格都是以一种扭曲的方式出现，资源的合理配置受阻。虽然政府的初衷可能是加速工业化的进程，但这种工业化道路为后来的经济发展带来了种种隐患，现在经济领域出现的问题几乎都能从过去制定的政策中找到根源。

三　内部劳动力市场与外部劳动力市场的分割

（一）内部劳动力市场理论

内部劳动力市场是指在一个企业范围内、以特定的规则和习惯来调节劳动力供求的资源配置机制。20 世纪 40 年代一些学者发现古典经济学中有关劳动力市场的理论并不能解释企业内部的雇用关系及工资制度，于是提出了劳动力市场分割和内部劳动力市场的思想，试图通过对企业内部运行机制的考察了解劳动力市场的运作规律。

内部劳动力市场理论的意义不仅仅在于揭示劳动力配置方式的规律，更重要的在于它揭穿了统一的劳动力市场的神话，阐明了劳动力市场是一种分割的市场。内部劳动力市场理论认为，劳动力市场并不是一个统一的市场，劳动力不完全是以工资为杠杆、通过竞争在全国范围内进行配置的，在企业内部存在一个内部劳动力市场，很多劳动者长期服务于某一个固定企业，循着企业的工作阶梯被提升或被淘汰，他们和企业外的劳动者之间并不存在直接的竞争。这种现象不仅在像日本这样有终身雇用传统的国家大量存在，在西方自由市场国家，长期服务于一个企业的现象也大量存在。除了这种内部人和外部人的区别之外，在企业内部，还可以将员工区分为核心员工和外围员工。核心员工和外围员工的划分并没有明确统一的标准。在有关劳动力市场的文献中，将那些与企业签订长期劳动合同、较少因为产品市场因素被解雇的员工称为核心员工，而其他与企业只有短期劳动合同员工、非全日制员工、临时工、低技术员工等，他们极易因产品销售不理想而被解雇，被称为外围员工。

（二）内部劳动力市场的特征

内部劳动力市场的出现与企业降低成本增加利润的原始动机有直接关系，因为解雇和招聘员工都需要费用；劳动力市场上的信息不对称也是促成内部劳动力市场的重要原因，因为内部劳动力市场有利于雇主对雇员的客观评价，减少人力资源使用的风险。与传统经济学理论统一的、全国性的外部劳动力市场相比，企业内部劳动力市场具有以下特征。

第一，具有内部劳动力市场的企业本身是一个独立的、完整的经济单元，而且这个企业必须属于正规部门。正规部门通常由大于平均规模的企业所组成，它依赖于现代化的生产方式和资本密集的生产技术。和正规部门相对应的是非正规部门，往往由众多小企业构成，包括只有几个人的手工作坊。正规部门组织化程度高，职业声望以及工资收入都比较高，对劳动力有较大吸引力，到正规部门就业并不断获得职位的提升是大部分劳动力者的愿望。

第二，工资、职位升迁等事项是由企业内部既定规则来调控的，市场力量基本不发挥作用，而且不同企业调控的规则各不相同。内部劳动力市场被认为是一个行政性的单位，劳动力的配置和定价是通过一系列行政性程序和规则来管理的；同时，企业历史、文化和习惯对劳动力定价和配置也有一定影响。等级升迁规则有些是成文的，有些则是不成文的，如习惯甚至企业管理层的好恶等。

第三，长期雇用关系和工作阶梯。内部劳动力市场是以长期雇用关系为主要特征的。企业内部还存在着一个既定等级制度，不同等级对劳动力有不同要求，即工作阶梯。这种工作阶梯首先是按照工作性质的不同设定各种岗位，例如管理类岗位、技术类岗位、服务类岗位和操作类岗位等，然后每一个岗位又划分出若干个级别。新员工进入企业一般是在工作阶梯的最底层，如果该员工的行为符合企业的既定规则，则他会沿着这个工作阶梯逐渐向上攀升。一些管理比较成熟的企业都有严格的人力接替计划，重要岗位原有职员离职（或被提升）后谁来接替都是预先安排好的。而谁被确定为后备人员则往往由企业的考评体系决定。也就是说，企业行为是有计划的，外部劳动力市场的变化对企业内部行为规则影响较小，特别是对企业核心员工的影响更小。

第四，锦标制度。在内部劳动力市场，锦标制度是一种内在的激励制度。在这种制度下，员工是否被提升及收入多寡只依赖于他在所有员工中的排名，而与其绝对表现无关。在这个锦标赛中，优胜者会晋升到工作阶梯的更高层级，较低层级则由新员工来补充。企业内的工作评估体系依据各个岗位的重要程度、工作的复杂性、劳动条件和工作强度进行分析，确定各个岗位在整个企业的地位和作用，从而确定各个岗位相应的工资待遇。不同岗位、不同级别的收入差距可能很大，但这并不意味着各个岗位间的生产力差距也有这么大，收入差距只是为了保证锦标制度的有效性。因此，在内部劳动力市场，工资已不再是由劳动者的边际生产力决定。

第五，内部人特权。内部人指已经受雇的企业内部员工，更准确地说是指企业的核心员工。内部人享有的特权包括：超过市场平均水平的工资率、稳定的就业、较多的接受培训机会、晋升的机会、良好的工作环境和工作条件、企业提供的福利等。

总体来看，中国企业内部劳动力市场与外部劳动力市场分割的状况不仅比欧美国家要严重得多，而且比实行终身雇用制度的日本也要严重。在美国，每个男性雇员在20—60岁平均会为7个以上的雇主工作，英国平均为4.5个①。在中国，这个比率要低得多，在传统体制下，绝大多数人一生只有一个雇主；随着劳动力市场的完善，中国劳动者工作地点流动和职业流动的次数开始增加。

（三）内部劳动力市场的效率考察

内部劳动力市场将劳动力市场划分成一个个相互独立的单元，内部劳动力市场和外部劳动力市场之间、各个不同内部劳动力市场之间缺乏交流渠道，通过市场竞争配置劳动力资源的功能被削弱。

1. 内部劳动力市场和外部劳动力市场的分割

内部劳动力市场实际上设置了一个内外交流的屏障，内部和外部各自按照不同的规则运行。如果企业存在内部劳动力市场，则当出现岗位空缺时，企业往往倾向于内部晋升而不是外部招聘。其原因当然与企业所需要的特殊人力资本有关。但在特殊人力资本并不那么重要时，企业仍然会优先考虑内部人，即使外部人可能比内部人有明显优势。原因可以由竞赛理论来说明。按照该理论，当包括外部人在内的更多劳动者被选入竞赛名单以后，每一个参赛者胜出的概率就会降低。由于很难获得优胜，参赛者对竞赛的期望值就会下降，从而使他们的努力程度降低。所以，企业为了保持必要的激励水平而宁愿从内部提升素质较低的劳动者也不会在外部劳动力市场上招聘素质较高的劳动者。从整个劳动力市场看，这种资源配置方式显然是不符合效率原则的。当然，内部劳动力市场和外部劳动力市场之间的通道并没有被完全堵死，在各个岗位职务级别的最底层，留下了一个和外部市场进行交流的狭窄通道。外部市场上的劳动者不管素质多高，进入内部劳动力市场后，都要从最底层做起，并要在相当长时期内忍受低于其生产力水平的工资率。因为内部劳动力市场采用的是"先减额支付再增额支付"的工资支付顺序。这使外部市场上的劳动者进入内部劳动力市场的激励降低。这种内部和外部劳动力市场的分割会形成工资收入的巨大反差，也就是说，居于内部劳动力市场的劳动者有可能获得远远高于外部市场劳动者工资和福利，即便他们的人力资本积累相同。

2. 不同内部劳动力市场之间的分割

一个个内部劳动力市场俨然是一个个独立王国，每个内部劳动力市场

---

① 伊兰伯格等：《现代劳动经济学——理论与公共政策》，中国人民大学出版社2000年版。

上工资率的高低、工资率的确定方式都不相同，劳动者直接在企业之间交流的可能性要比内外劳动力市场之间的交流还要困难。企业之间劳动力流动的困难来自以下几个方面：

首先，内部劳动力市场上的供需信号和劳动力价格信号都是隐蔽的，甚至是被刻意隐瞒的。虽然可以从中介机构获知某地区各种职业的大致工资水平，但要了解所有地区所有企业的薪资状况，几乎是不可能的。因为各个内部劳动力市场的工资确定方式不同，而且各个岗位的工资还会随着产品市场的变化、整个国家的经济景气状况而变化。由于企业倾向于通过内部提升方式填补岗位空缺，因此其劳动力需求信息也是不公开的。企业之间甚至会相互保持戒心，很多企业要与员工签订保密协议，规定员工在若干年内不能到和本企业产品有直接替代性的企业就业，并愿意向员工支付由此造成的损失。这种劳动力市场信号的高度离散性为信号搜寻设置了巨大障碍。

其次，对员工来说，从一个企业离职意味着自己所积累的专用性人力资本的贬值。专用性人力资本是通过"干中学"和企业的特殊培训形成的。特殊培训相对于普通培训而言，培训所获得的技能仅对一个企业有用，例如雇主企业特有的机器的使用、雇主企业的生产过程的组织、对雇主企业里特定客户的服务技术等。企业一般会选择那些学习效率高和离职倾向低的员工进行特殊技能培训。而对员工来说，获得专用性人力资本后跳槽的机会成本变得很大，即使不满意现在的工资率，而且其他企业也愿意接纳，他也不会贸然"跳槽"。因为他到其他企业后不仅原来积累的专用性人力资本会丧失，还必须和其他新员工一样从企业最底层做起，只获得与新员工相同的工资，如图 7.1 所示。

假如有两家企业，其工资曲线完全相同。$W_s(t)$ 是具有专用性人力资本员工的工资曲线，$W_g(t)$ 是普通员工的工资曲线。一个员工在 t_1 点跳槽到另外一家企业后面临的工资曲线将是 $W_g(t-t_1)$。一个拥有专用性人力资本的员工如果继续在原企业工作，其工资将随时间的推移不断提升，在 t_1 点，他可以获得 W_3 的工资；但是，如果他在 t_1 点跳槽到另一家企业，他原来获得的专用性人力资本将丧失殆尽，他面临的工资曲线将和其他普通员工相同；又因为他刚进入企业，要和其他新员工一样，面临 $W_g(t-t_1)$ 的工资曲线，就是说，他将只能获得 W_1 的工资。显然，他跳

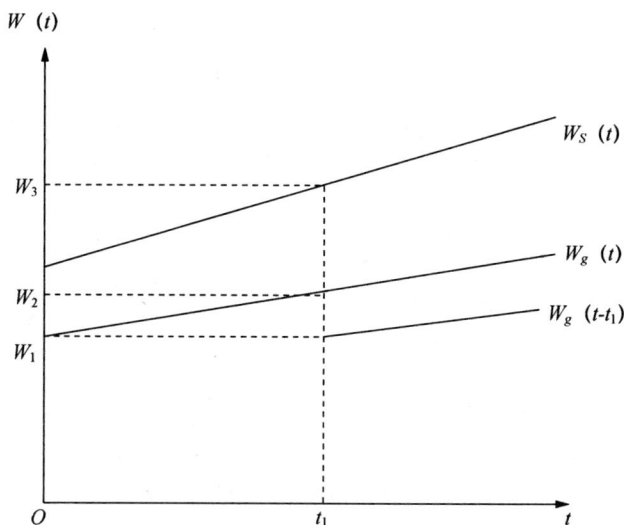

图7.1 存在内部劳动力市场情况下的员工离职损失

槽的成本是巨大的。为了避免这些损失，员工一般会寻求种种方法留在原企业。

3. 内部劳动力市场核心员工与外围员工的区隔

员工从外部劳动力市场进入企业以后，不一定能迅速成为核心员工。大部分情况下他们会居于企业的外围。还有一部分员工是以临时工、非全日制工等形式出现的，这些都是外围员工。核心员工与外围员工的区别在于：前者工作稳定，很少因为产品市场的变化被解雇，而后者往往会在产品销售不畅、订单减少情况下被解雇；前者工作条件好，工资待遇高，后者工作条件较差，工资待遇较低；前者有专门培训和升职的机会，后者一般没有。企业外围员工是内部和外部劳动力市场的缓冲区，外围员工与核心员工的区别类似于一级劳动力市场和二级劳动力市场上劳动者的区别。

总之，在存在内部劳动力市场的情况下，市场配置资源的作用被削弱。虽然内部劳动力市场并没有取代竞争，但这种竞争是在一个较小范围内进行的，而且竞争的规则也各不相同，从而使竞争远离了公平和公开准则，人力资本的绝对拥有量以及实际生产效率的高低也变得不再那么重要。虽然从微观角度看，内部劳动力市场的运作是有效率的，但从宏观层面看，内部劳动力市场有很大的负外部效应。

第三节　劳动力市场分割对技工短缺的影响

在分割的劳动力市场上，人力资本投资会受到来自投资回报方面的制约，从而使人力资本的积累总量受到影响。在企业内部劳动力市场中，由于相对绩效比绝对绩效更重要，加之缺乏必要的淘汰机制，当员工认为提升无望时，就会维持目前的人力资本水平。

一　劳动力市场制度性分割对技能型人力资本投资的制约

由前面分析可知，中国劳动力市场制度性分割包括城乡劳动力市场分割、体制性分割；而体制内劳动力市场又大体上划分为垄断性行业劳动力市场和竞争性行业劳动力市场。这些市场之间，不仅收入悬殊，而且流动性很低。接受普通高等教育或研究生教育是能力强的信号，而由于对职业教育的歧视和职业教育本身存在的问题，接受职业教育不具有发送有能力信号的作用；尽管接受职业教育进行技能型人力资本投资也可能进入体制内就业，但不如接受普通高等教育那样前景广阔，预期收益更高，如果有选择机会的话，人们更愿意上大学而不读职业院校。因此，在现有制度约束下，要想进入体制内就业，上大学是绝大多数家庭或个人的首选。下面我们从体制性分割和城乡分割两个方面来分析劳动力市场的制度性分割对技工短缺的影响。

（一）劳动力市场的体制性分割对技工短缺的影响

对个人而言，当人力资本投资的边际收益率高于市场长期均衡下的收益率时，他就会增加对其自身的教育投资[①]。由于教育投资的时间长，对未来收益影响较为间接，较难计算教育投资在已知投资期内的投资量和收入量。为此，贝克尔提出了一个简化的教育投资收益率模型[②]。本书将运用该模型分析分割的劳动力市场如何影响没能进入自己期望的部门（如

[①]　汪洋：《劳动力市场分割与人力资本投资选择》，《中国社会科学院研究生院学报》2002年第 1 期。

[②]　贝克尔：《人力资本：特别是关于教育的理论与经验分析》，北京大学出版社 1987 年版。

党政机关、事业单位、国有垄断企业等）就业并获得期望收入的劳动者的人力资本投资行为。

　　假定体制内劳动力市场和体制外劳动力市场是两个完全分割的市场，劳动者个人是唯一投资主体。理性的决策者在进行投资时，要对成本收益进行比较。例如，一个初中生在决定上 8 年学还是 9 年学时，他就会对多念一年的成本（包括直接成本和机会成本）和以后的就业工资进行比较。假设该学生接受 9 年教育后预期的工资是 A，而接受 8 年教育参加工作后的预期收益为 B，又假定退休之前的工作时间为 T，则他多读一年书的投资收益贴现值为：

$$R = \sum_{t=1}^{T} \frac{A - B}{(1 + \gamma)^t} \qquad (7.1)$$

　　其中，R 为总收益，γ 为利息率。接受教育的成本有直接成本（包括必须交纳的学费、课本及学习用具方面的开支等，用 C_0 表示）和机会成本（即受教育期间放弃的收入）。如果选择在多接受教育这一年工作，获得收入 N_0；但如果选择继续读书，则会丧失这个收入。这样，如果选择继续读书，其总成本为：

$$C = C_0 + N_0 \qquad (7.2)$$

　　投资者对收益与成本进行比较，如果 $R > C$，说明投资是值得的，他会选择继续读书；如果 $R < C$，投资收益小于成本，投资是不值得的，他会选择开始工作。事实上，影响投资收益的因素是极其复杂的，为使分析更贴近现实，要考虑未来获得某一收益率的概率。也就是说，在市场上进行人力资本投资与否，其未来的收益是不同的，即进行人力资本投资后会比没进行人力资本投资多获得 $A - B$ 的收益；但对一个劳动者来说，并不一定有均等的机会获得这个差额。假如获得这个差额的概率为 P，则进行人力资本投资的条件修改为：

$$C_0 + N_0 > \sum_{t=1}^{T} \frac{A - B}{(1 + \gamma)^t} \qquad (7.3)$$

　　该公式表明人力资本投资决策有六个影响因素：（1）人力资本投资的未来收益之差 $A - B$。这个差越大，对人力资本投资的激励越大。（2）人力资本投资后能够获得较高收益的概率 P。P 值越大，投资者就越有可能获得预期的收益，对人力资本投资的激励越大。（3）人力资本投

资的机会成本 N_0。在工资水平普遍上升的情况下，进行人力资本投资（特别是接受正规教育）的机会成本就会提高，是影响个人进行人力资本投资的重要因素。（4）人力资本投资的直接成本 C_0。人力资本投资的直接成本较高时，人们会较少投资，成为人们人力资本投资的重要约束因素。（5）退休时间与进行人力资本投资的时间之差 $T-t$。这个时间越长，人力资本投资的回报期就越长，投资的可行性越高。（6）利息率 γ。利息率是影响贴现的重要因素，如果利息率太低，则当前的货币会更加"值钱"，只有当未来的收益率更高时投资才是可行的。在上述六个因素中，后三个因素与劳动力市场的特性没有必然联系，人力资本投资的直接成本（特别是接受正规教育的成本）、开始接受正规教育的时间和退休年龄、利息率等在一国范围内基本相同；而前三个因素与劳动力市场有直接关系。

在一个统一、开放、竞争程度较高的市场上，所有劳动者获得某种职业的机会大致是均等的，劳动者会根据整个市场上平均的收益水平对投资收益进行预期。但如果劳动力市场是分割的，某一特征的劳动者被限定只能在特定的市场上就业，如一些劳动者只能在体制外劳动力市场上寻找工作，而体制外劳动力市场上工资率普遍较低，劳动者就只能按照这个较低的工资率对人力资本投资收益进行预期，投资收益对人力资本投资的激励作用就会大大降低。即便劳动力市场分割并不那么严格，劳动者有可能按照整个市场上的平均收益水平进行预期，但如果他们进入体制内劳动力市场的几率很小，很难获得自己认为的理想工作，则他们对未来的预期收入也会大打折扣，就会选择较少的人力资本投资。例如，对一个初中生来说，如果他选择读职业院校毕业后只能在体制外劳动力市场就业，对他来说是中职毕业还是初中毕业无关紧要时，他宁愿选择较少的受教育时间。

图7.2是不存在劳动力市场分割情况下的工资曲线。曲线M是进行人力资本投资条件下，工资随着年龄增长的情况，曲线N是未进行人力资本投资情况下的工资曲线。对于M来说，O到C这段时间是没有收入的，因为还没有开始工作，并且要付出教育成本。其中，OBEC围成的区域表示直接成本，如学费、书本、文具费用等；AOCD围成的区域表示机会成本，即因为开始工作较迟而比N少获得的收入。但当M开始工作后，工资率会迅速超过N，D的右侧由MN两条工资曲线围成的区域即M进行

人力资本投资的净收益，只要这个区域的面积超过 ABED 围成的区域面积，这种人力资本投资就是可行的。

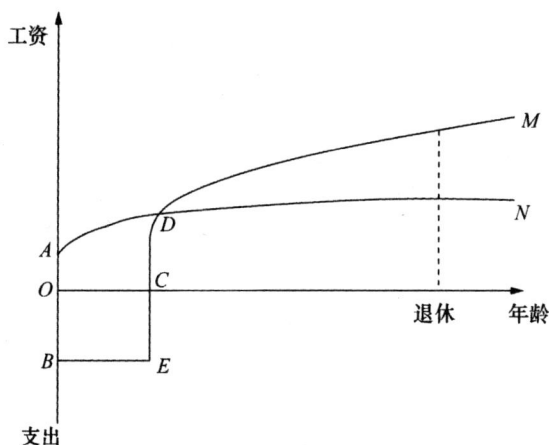

图7.2　不存在劳动力市场分割情况的人力资本投资

但是，存在劳动力市场分割的情况就不同了。由于分割的劳动力市场上某些劳动力只能从事工资较低的工作，他们的人力资本投资便不能获得相应回报。图7.3中 W 是在体制外劳动力市场上的工资上限，也就是说，在一般情况下劳动力的工资都不会超过 W，这样 M 的工资曲线将会变形，D 的右侧由 MN 围成的区域的面积会小于没有市场分割的情况，在这种情况下，劳动者只有减少人力资本投资，才能使投资成本和投资收益相等。这样，家庭或个人人力资本投资的最优值被分割性的劳动力市场扭曲了。

因此，体制性的劳动力市场分割会扭曲家庭或个人的人力资本投资决策，尤其是当个人或家庭认为职业教育投资后所形成的人力资本只能在体制外劳动力市场就业时，家庭或个人教育投资决策的理性选择就是要么终止教育投资，要么考大学接受普通高等教育。家庭或个人教育投资决策不选择职业教育导致职业教育生源数量的减少和质量的下降，其最终结果就是技工短缺。

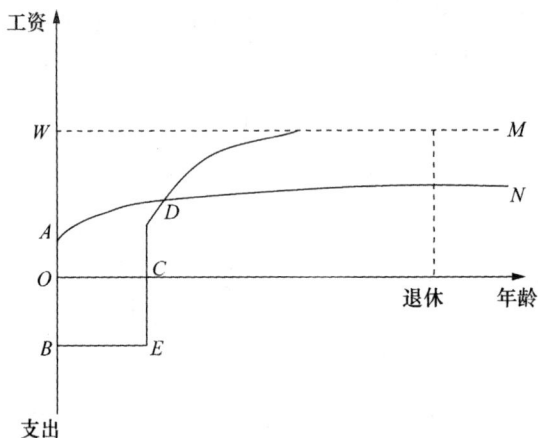

图 7.3　存在劳动力市场分割情况的人力资本投资

（二）劳动力市场的城乡分割对农村人力资本投资的制约

第一，由于劳动力市场的城乡分割，农村劳动者进入城市一级劳动力市场的可能性极小，这使农村居民放弃了进入城市一级劳动力市场就业的努力。农村劳动力流动的范围限于农村和城市二级劳动力市场，这些劳动部门对劳动者的技能要求较低，无须太多人力资本投入。

所谓劳动力市场分割并不是说劳动者完全不可能在不同劳动力市场之间流动，而是说这种流动的成本较高，劳动者从一个市场进入另一个市场需要付出高昂代价，或者说不同劳动力市场都有进入或退出壁垒。农村劳动者面临三种选择：一是在农村就业，二是到城市一级劳动力市场就业，三是到城市二级劳动力市场就业。进入城市一级劳动力市场是许多人的梦想，因为这种部门有较高的职业声望、较高的收入和进一步升迁的机会。但农村劳动者要直接进入城市一级劳动力市场（图 7.4 中渠道③），必须冲破种种障碍，例如户口、歧视、技能和素质等，能够成功进入城市一级劳动力市场的农村劳动者寥寥无几。当前农村居民直接进入城市一级劳动力市场只能通过高考这个途径。

进入城市二级劳动力市场就业相对比较容易（渠道①）。事实上大部分农村劳动力进城后是在二级劳动力市场就业。中国目前大约有 2.2542 亿

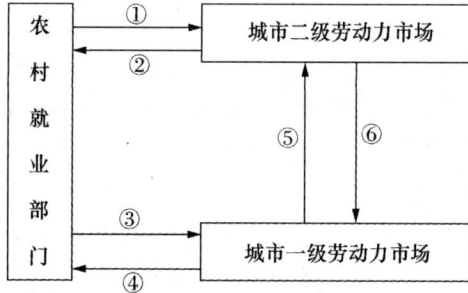

图 7.4　农村劳动力在不同劳动力市场之间流动的渠道

农民工[1]，他们在城市从事建筑、修理、搬运、餐饮服务、家庭保姆、集市摊贩、缝纫等工作，绝大多数属于二级劳动力市场。虽然城市二级劳动力市场的工作条件艰苦、待遇差，但仍能获得比农村高得多的收入。

　　由于中国的劳动力流动和人口迁移是分离的，大部分农村劳动者在城市工作一段时间后还要返回家乡，他们到城市工作只是为了获得比农村高的相对收入。虽然这种特殊的劳动力转移方式为中国经济的快速增长作出了巨大贡献，并继续维持着廉价劳动力的优势。但这种"候鸟式"劳动力流动方式的主要弊端在于，它妨碍了农村劳动力对其人力资本的持续投资和积累。在此，我们赋予城乡劳动力市场分割这样一层新含义：城市劳动力市场中存在着受歧视的非市民的农民工市场。他们不仅很难进入一级劳动力市场，而且不能享受市民待遇，所以难以在城市扎根，多数是短期打工，具有不稳定性，所以这是一个另类的劳动力市场。更值得关注的是，即使农民工进入城市二级劳动力市场就业也需要付出多种成本，如交通费用（因为他们家仍在农村，所以往返交通费较高）、离开农村后无法收回的退出成本、适应新环境所必需的心理成本（即忍受歧视、感情孤独等）、住房和子女教育所造成的成本、无法照顾老人的成本，等等。除

---

　　① 根据国家统计局农民工统计监测调查，截至 2008 年 12 月 31 日，全国农民工总量为 22542 万人。其中本乡镇以外就业的外出农民工数量为 14041 万人，占农民工总量的 62.3%；本乡镇以内的本地农民工数量为 8501 万人，占农民工总量的 37.7%。返乡农民工文化程度总体偏低，其中初中及以下文化程度的农民工占到 82.9%。这说明文化程度越低的农民工越容易回流，加强培训有利于提高农民工就业的稳定性。

此以外，进入城市的农村劳动力也难以享受城市居民的各种社会福利。因此，农村劳动力进入城市劳动力市场，但不能进入一级劳动力市场所造成的各种成本对其人力资本投资有巨大影响；尤其是农民工中的技术工人由于不能完全享受城市居民待遇，直接降低了他们持续进行人力资本特别是专用性人力资本投资的激励。

从表面上看，农村劳动力不能有效地向城市转移除了制度上的限制外，主要与农村劳动力的素质有关，即城市就业市场对劳动力的技能和文化水平有一定要求，而农村劳动者文化素质普遍偏低。但实际上，正是因为劳动力市场的分割，农村劳动力进入城市就业需要跨过道道门槛（即进入壁垒），使农村劳动力失去了积累经验和提高技能的机会。而且即便是当前仅存的一条进入城市一级劳动力市场就业的通道即高考，对于不同地区的学生来说，也有很大差别。越是发达地区，入学分数越低，中学生升入大学的机会越大；而越是落后地区，入学分数越高，中学生升入大学的机会越小。这样，农村居民能进入城市一级劳动力市场就业的机会较小。农村居民清楚地知道，仅仅是务农或到城市二级劳动力市场就业并不需要多少文化和特殊技能，人力资本投资是可有可无的事情，有的家长甚至认为孩子只要能识字和数钱就够了。因此，在农村形成了一个怪圈：劳动力市场的城乡分割—农村劳动力素质低—进入城市一级劳动力市场就业难度大—放弃进入城市一级劳动力市场就业的努力—更少的人力资本投资—更低的劳动力素质—更少的城市就业机会—城乡劳动力市场分割的深化。

第二，农村居民人均收入偏低也是制约其人力资本积累的重要因素，而劳动力市场的城乡分割是导致农民收入难以提高的直接原因。由于劳动力市场的城乡分割难以在短时期内消除，城乡居民的收入差距得以持续存在。同时，中国城乡居民还有巨大的社会保障上的差别，政府对非农业人口的住房、医疗、社会保险等"大包大揽"，而农业人口的福利则主要靠自己解决。如此，在农村就形成了另外一个恶性循环的怪圈：劳动力市场的城乡分割—农村居民收入较低—人力资本投入较少—进入高收入职业机会较少—农村居民收入更低—进一步的劳动力市场分割。

从以上分析可以看出，中国农村人力资本投资水平较低的一个重要原因是城乡劳动力市场的严重分割。在分割的劳动力市场上，劳动力流动被限定在特定的范围内，许多农村劳动力进入了城市劳动力市场，但他们只能从事城市人不愿意从事的脏累、危险、工资低的工作，这些工作大多无需太多的人力资本投入；所有超出这一范围的求职活动都要付出额外的代价，能够进入一级劳动力市场就业的农村人口十分有限。由于进入城市高收入部门的可能性较低，他们对未来收入的预期也普遍较低，这就降低了农村居民进行人力资本投资的积极性，扼杀了他们提高自身素质的热情。农村劳动力进入城市后绝大部分只能在二级劳动力市场就业，受教育水平的多少和技能的高低对从事城市二级劳动力市场上的劳动没有实质性的影响，所以农村劳动力作为理性的经济主体不会增加人力资本投入。正因为如此，农民工群体中技工所占的比例很小，这使得技工短缺问题雪上加霜。

二　内外部劳动力市场分割对企业人力资本积累的影响

首先，假定员工人力资本存量与其获得的工资是一致的，员工人力资本存量的变动曲线也是工资曲线。可以认为，员工的人力资本存量就是员工的潜在生产力，其与员工工资的变动大体是一致的。

图 7.5 中纵坐标为工资（w），横坐标为工作年限（t）。对于员工来说，他们有三种人力资本投资选择：（1）进行较多的人力资本投资，使人力资本存量随着时间的推移而增加。这种情况表示为 AC 曲线。（2）不进行任何人力资本投资，因为人力资本也是有折旧的，随着时间推移，原有知识和技能可能过时，如果不进行必要的人力资本投资，人力资本存量就会降低。这种情况在图中以 AD 曲线表示。（3）仅仅进行较少的人力资本投资，以使自己的人力资本存量不至于随着时间的推移而降低。这种情况在图中用 AB 表示。

图中，W_1 表示企业能够提供的最高工资。因为企业的生产性质和生产条件不同，员工的人力资本（包括通用人力资本和特殊人力资本）往往并不能被充分地利用，企业只能按照员工向企业提供的有效人力资本数量来支付工资。例如，一个哲学博士如果到皮鞋厂工作，他可能就只按仅有高中文凭的普通员工的标准领取工资。也就是说，任何企业都有一个最高工资限额。在开放和竞争的市场上，如果一个员工的人力资本在一个企业不能被充分利用，其所获得的工资达不到自己的期望值，他会离开这家企业，到劳动力市场上寻找更适合自己的工作。因为企业数量很多，员工也是理性的，他总能找到一个自己认为适合的工作，所以其面临的工资曲线将与自己的人力资本存量相一致。这也就是图中 *AC* 曲线所表达的含义。在 *H* 点，员工的工资达到企业工资的最高限额，如果继续在这个企业工作，他将只能按照 W_1 的水平领取工资，显然这个工资要低于自己对工资的预期，这时，他选择离职，并在其他企业获得与自己的人力资本存量相一致的工资（这里不考虑工作搜寻的成本问题）。

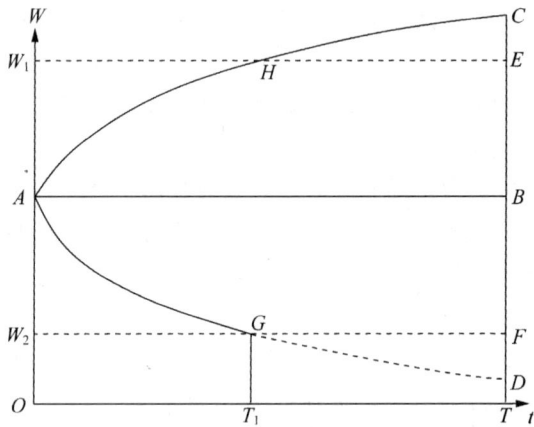

图 7.5　不存在劳动力市场分割情况下企业内部员工人力资本投资与工资决定

在图中，W_2 表示市场上平均的人力资本存量水平及工资率。在开放和竞争的市场上，如果一个员工的人力资本存量降低到市场上平均的人力资本存量水平之下，他将被解雇，从而获得的工资收入变为零。这种情况在图中表示为 AGT_1，意思是在时间 T_1，员工的人力资本存量下降到了市场平均水平之下，雇主当然会用市场上其他员工来代替他（这里不考虑解雇成本问题）。而如果一个员工能够持续进行必要的人力资本投资，从而使自己的人力资本存量保持在一定水平，则会继续受雇用，并获得相当于自己人力资本存量的工资。这种情况表示为 *AB* 曲线。

在第一种情况下，一个员工从开始工作到退休（*T* 点）所获得的工资总额为 *ACTO* 围成的区域面积；在第二种情况下，员工从开始工作到退休获得的工资总额等于 *ABTO* 围成的区域面积；而在第三种情况下，员工所获得的工资将只有 AGT_1O 围成的区域面积。

　　再看劳动力市场分割情况下，员工人力资本存量与工资总量之间的关系（见图7.6）。因为缺乏必要的淘汰机制以及企业希望更大限度地回收其人力资本投资的动机，使得一个员工即使其生产能力低于外部劳动力市场上的平均水平，也不会被解雇。

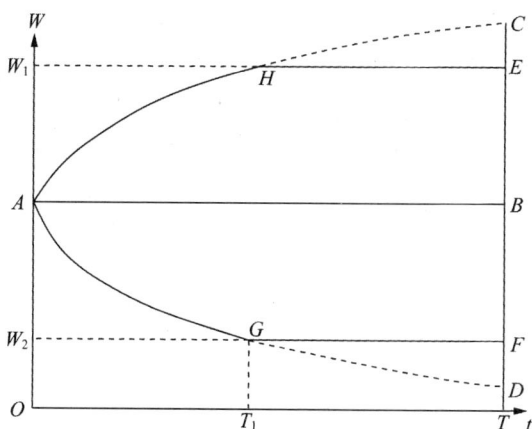

图7.6　劳动力市场分割情况下企业内部员工人力资本投资与工资决定

　　这时，如果一个员工只进行必要的人力资本投资，使其人力资本存量不至于下降（AB 曲线），则其在退休之前获得的工资总额为 $ABTO$ 围成的区域面积，和竞争性的劳动力市场上没有区别；但是，一个不断增加人力资本投资从而使其人力资本存量随其年龄的增加而上升的员工，由于企业的最高工资限额是 W_1，如果他不离开这家企业，则他退休之前获得的工资总额是 $AHETO$ 围成的区域面积，比在竞争性劳动力市场上要少获得相当于 HCE 面积的工资总额；而对于一个不进行任何人力资本投资的员工来说，尽管其人力资本存量在下降，但仍然能获得相当于 $AGFTO$ 面积的工资总额，这要比竞争性劳动力市场上多获得 GFD 面积的工资总额。

　　显然，企业内部劳动力市场的存在不利于员工积极主动地增加其人力资本投资；相反，由于是否进行人力资本投资（这种投资需要花费时间成本、货币成本、机会成本等）所获得的回报的差距要比竞争性劳动力市场上小得多，这实际上抑制了企业员工进行人力资本投资以提高个人素质的动机。

　　总之，对员工来说，由于内部劳动力市场最高工资的限制以及缺乏必要的淘汰机制，员工人力资本投资的收益会低于个人预期，而当人力资本由于折旧而不断减少时，工资底线的保护使员工的工资收益并不一定会随之减少，这一制度对员工人力资本投资的激励作用大大降低，增加了他们的惰性。也就是说，内外部劳动力市场分割阻碍了员工对人力资本的投资。对企业而言，虽然内部劳动力市场较低的员工流动率意味着人力资本投资有较长的回报期，从而对企业增加人力资本投资有激励作用，但企业是否因此而增加人力资本投资还取决于人力资本投资与物质资本投资的相对收益。

　　企业核心员工的超经济保障使其无须再进行人力资本投资，而外围员工进行人力资本投资并不能提高工资和改善待遇，因而核心员工和外围员工都不存在进行人力资本投资的现实激励基础，从而抑制了员工进行人力资本投资的动机。这样，内外部劳动力市场分割不但造成了员工人力资本投资激励的不足，也制约了企业人力资本投资的形成率。因此，企业在外部劳动力市场不能招到自己需要的技能人才时，在企业的内部劳动力市场也不能解决这一问题，这种"内忧外患"状况的出现使得企业的技工短缺问题愈加突出。

第八章　结论及政策建议

随着中国工业化进程的加快和国民经济的快速发展，经济结构调整和产业结构升级是目前中国经济发展面临的重要任务，这一任务的实现需要大量技能型人才作为支撑，而目前中国技能型人才的状况是总量不足、结构不合理。技工短缺并不是中国经济特有的问题，而是经济发展过程中必然出现的现象。德国的双轨制、日本的学徒制给中国技工短缺问题提供了很好的借鉴，即关键是如何构建完善的国民教育体系以保障经济发展对各类人才的需求。在中国劳动力供应链中，如果技工短缺这一环节长期得不到解决，就会引发一系列经济问题。目前宏观层面的相关政策设计可谓隔靴搔痒，效果欠佳；企业也开始重视员工素质及其边际生产力，但企业不愿意自己投资培养，而是热衷于"挖人"，这使技工短缺问题上升到社会层面，成为社会广泛关注的热点。沸沸扬扬的喧嚣之后，问题非但没有解决，反倒愈演愈烈。当前劳动力市场上出现的"普工荒"掩盖了"技工荒"，如若不能从根本上解决技工短缺问题，那么它必将成为中国经济健康发展的阿基里斯之踵，讳疾忌医的做法将会后患无穷。

从前面的分析中我们认识到，技工短缺并非仅仅是劳动力市场一时供求关系的失衡，它与中国职业教育发展长期滞后、家庭教育投资的普教偏好、政府职业教育投资的缺位、企业在职培训投资不足和劳动力市场发育不完善是密切相关的。这就是本书研究所得出的基本结论。为破解这一经济难题，我们提出如下政策建议。

一　补好职业教育发展这一短板，使之与普通教育协调发展

中国经济发展对教育的要求就是希望其能在现代化进程中发挥更大作

用，但技工的长期短缺使我们不得不拷问中国的职业教育到底出了什么问题。我们借鉴世界上职业教育最为成功的德国的教育发展经验来反思中国教育的发展现状。

德国教育令人瞩目的成就是第二次世界大战后教育发展对社会经济的极大促进和国家实力的迅速提升。其成功经验在于，战后德国教育的重建并非只是重建学校，更重要的是在新的起点上重建现代教育理念。随着普通教育的重建与发展，德国重视职业教育的传统也得到了复兴。在教育改革中，虽然德国传统的双轨制在德国教育界也褒贬不一，但是，德国这种严格从实际出发，规划与平衡教育发展的举措，为其经济迅速恢复打下了坚实基础。事实上，这不仅是社会发展的需要，也是教育个体的发展需要。德国的教育改革加速了不同类型教育之间的联合与互动，促进了多种类型学校的内在衔接，实施了普通教育与职业教育的互动发展，使学生可以有更多的机会进行自由选择和职业流动，以实现真正意义上的教育机会公平。德国高等教育向所有学生开放，学生只要有意愿，上升的空间永远存在，这就弥补了过早分流带来的不足。从这个意义上说，德国的教育基本实现了学生具有充分自由的自我发展机会。这种基于社会发展现状和个人个性的教育体制，充分显示出德国教育制度的先进性和公平性。

在德国的现代化进程中，教育发展所秉持的这种严谨务实的理念尤其值得我们反思中国教育发展中存在的普通教育与职业教育发展极不均衡的现象。在中国的教育发展中，对于职业教育对一国经济发展和社会进步的重要性认识不足，一味盲目扩大普通高等教育的规模，这不仅冲击了职业教育的正常发展，也对普通高等教育本身的健康发展造成了损害。就中国的教育发展而言，应该借鉴德国这种重视职业教育的成功经验，让职业教育成为人们自主选择而不是基础教育淘汰的结果。唯有如此，才能保证普通高等教育的质量并发挥其应有的社会价值。目前这种从学前教育①开始就以应试为目的、直接指向高等教育的教育理念和体制，几乎抽空了职业教育的新鲜血液。对于中国的教育发展而言，首先需要通过基础教育将现代文明的核心理念（如自由、平等、民主、科学等）渗透到每个学生的

---

① 目前优质幼儿园的招生非常火暴，今年北京一家幼儿园计划招生仅 80 名，而园长就收到了 800 张关系条子。

思想意识之中，使之成为一种国民性，其次需要通过职业教育培养出大量具有敬业精神的技能劳动者，满足现代化生产的需要。这样的教育才能既能保证高等教育的质量，并培养出真正有潜力并有志于基础理论和科学创新研究的人才，又能使职业教育与普通教育相得益彰，共同促进经济社会的健康发展。

二　彻底进行教育体制改革，从而纠正家庭教育投资的强烈普教偏好

为什么中国家庭教育投资具有强烈的普教偏好？这是个难以回答的棘手问题。笔者认为，至少有两个因素使然：一是中国传统文化，如"学而优则仕"的官本位观念、科举考试的传统教育体制对国人的根深蒂固的影响；二是目前中国的教育体制、政治经济体制对家庭教育投资决策的导向。家庭的教育投资行为是在两个因素的共同作用下，理性决策的结果。

即使技工短缺使得劳动力市场上的技工工资有所上涨，家庭或个人对普教的投资热情依然不减。为什么？我们暂且不去比较接受普通教育与接受职业教育的经济收益方面的优劣，只考察接受普通教育比接受职业教育在非经济方面的效用优势：一是进入高阶层后的"面子效益"所带来的身份地位的上升给人以精神上的满足和享受；二是作为进入仕途的阶梯具有"平台效应"，正是因为文凭的阶梯价值才造就了中国政府官员的教育过剩，使得中国政府拥有世界上罕见的博士硕士群体；三是具有"亲友溢出效应"，不仅使亲朋好友受益，还能惠及子孙。家庭在进行教育投资决策时，虽然不能利用经济学的理论模型进行分析判断，但其会利用一切可能的信息资源来权衡选择某种教育类型的利弊，比较接受各种各级教育类型的得失，当其从现实中观察到，接受普通教育的期望效用远远大于职业教育的期望效用时，选择普通教育对子女进行投资就在情理之中了。所以，笔者认为家庭对普通教育的偏好所导致的家庭对职业教育投资的不足，是技工长期短缺的微观原因。

因此，要真正解决技工短缺问题，其关键在于让家庭或个人有足够的

激励去积极选择职业教育，自愿选择技工这一职业。由于中国目前的教育体制存在诸多弊端，教育改革举步维艰，要实现这个目标任重道远。为此，政府必须进行彻底的教育体制改革，用有效的相关政策措施积极引导人们的教育投资决策，使家庭或个人认为接受职业教育与接受普通教育的总效用并无二致，只有这样，才能积极矫正家庭教育投资的强烈普教偏好，真正从微观机制上彻底解决技工短缺问题。

三　积极引导企业在职培训投资决策回归理性

中国的企业正处于从计划经济体制下的企业制度向市场经济体制下的现代企业制度转变的过程中，相当一部分企业把人力资本的教育与培训作为减轻企业负担的改革举措推向社会，从制度上斩断了职业教育"双元制"的一条腿，企业不仅不能承担职业教育的主要责任，连参与责任都很少承担。

企业的人力资本是其竞争优势的重要来源，但是决定企业竞争优势的是专用性人力资本，而不是一般性人力资本。中国当前以市场调控为主的雇用合同很难建立起企业与员工之间稳定的雇用关系，这种雇用关系的脆弱性容易诱发道德风险，其结果是企业丧失了继续进行在职培训投资的激励基础，最终导致了企业专用性在职培训投资的不足。企业不重视培训，不进行长期规划，只管员工是否现在就能有用。于是，从其他企业挖人就成为很多企业的理性选择。但从长期来看，这会造成企业产品质量低质化，研发投资减少，教育培训机会减少，企业间相互挖墙脚盛行。这样，企业同行之间就会以邻为壑、恶性竞争，各种交易成本显著上升，形成企业的另外一种隐性成本。

目前，中国企业专用性人力资本的培训投资严重不足，企业在追求生产规模扩大和技术设备升级的同时忽视了对员工的培训、通过培训投资提升企业核心竞争力，是中国企业面临的严峻现实问题，而这又为中国企业提出了一个重要课题：如何建立有效的制度安排，从而构建良好的企业雇用关系，降低企业专用性人力资本投资中的机会主义威胁，促进员工专用性人力资本的积累，提升企业的核心竞争力。在这一领域，政府可以通过就业政策、税收政策、职业教育政策等积极引导或影响企业的人力资本投资行为。

四 政府对职业教育的财政性经费投入必须到位

尽管教育的公共产品属性颇受争议，但教育产品会产生正的外部性已成定论，主要表现为：岗位溢出效应，即受过良好教育，且具有劳动技能的人会提高整个团队的工作效率，使该团队所有人受益；公民溢出效应，即受过良好教育的人的行为和决策会有益于整个社会，这也是政府进行公共教育投资的理论根据。技工类职业教育产品具有较为特殊的属性，它是一种"二类公共产品"，具有较大的正外部性，如果只依靠市场调节，就会造成技工类职业教育市场的失灵，所以，技工类职业教育特殊的公共产品属性决定了其以政府投资为主的投资体制。

一国的公共教育投资不足会造成教育不足，而在中国，这种公共教育的不足被家庭或个人的普通教育投资过度所掩盖。但对于职业教育的发展问题，中国政府在政府与市场的关系上缺乏明确的制度安排，职业教育的管理体制过度强调市场调节作用，而中央政府在发展职业教育中的主导作用被弱化，最显著的表现是财政性职业教育经费严重不足，尤其是技工类职业教育投资更是少得可怜。

主管职业教育的地方政府，由于中国特有的"锦标赛"式晋升模式，他们的兴趣在GDP，没有激励去投资发展职业教育。政府对技工类职业教育投资不足造成了职业教育的供给不足，而家庭不愿意投资于该类职业教育，使得该类职业教育的投资不足无法弥补，这就决定了职业教育的质量难以保障，质量低下的职业教育对家庭的吸引力自然下降，就读职业学校的预期总效用低下也就决定了家庭不愿意子女接受职业教育，由此可能导致生源不足，生源不足反过来影响职业教育的发展，形成一种恶性循环。在职业教育尤其是技工类职业教育的生源中大多是弱势群体的子女，如果片面强调市场的作用，而政府特别是地方政府不能有效承担起发展职业教育的责任，必然会影响教育公平和职业教育的可持续发展。

五　统一劳动力市场的构建与技工短缺的消解

改革开放以来中国劳动力市场逐步建立起来，但发育还不完善，存在的主要问题是劳动力市场分割。中国劳动力市场的分割首先表现为制度性分割，包括城乡劳动力市场的分割、不同体制的部门之间的分割等，而且导致这种分割的传统制度仍然在继续实施。虽然部分明显带有歧视性的政策已经逐渐被取缔，但因为制度的惯性作用，其分割劳动力市场的效应还将长期存在。劳动力市场的体制性分割导致家庭或个人人力资本投资需求结构的扭曲，而扭曲的投资需求结构导致政府和社会教育供给结构失衡，最终结果是社会的人力资本结构失衡。其次表现为外部劳动力市场与内部劳动力市场的分割。劳动力市场的内外部分割不利于企业和员工对人力资本的投资和积累，是企业技工短缺的一个重要原因。

劳动力市场的各种分割构成了一个个"樊篱"，割断了"低级樊篱"中的人们向"高级樊篱"流动的途径，即使有流动的机会也是费用昂贵得令人望而却步，这对家庭的教育投资决策具有较大影响，使本来有意愿接受职业教育的家庭和个人失去了希望和动力。建立和完善全国统一、有序、竞争性的劳动力市场是市场经济体制的应有之义，是市场发挥其资源配置基础性作用的根基，使人们接受职业教育的总效用与接受普通教育的总效用难分伯仲，究竟选择什么教育，那是个人的兴趣、能力、个性使然，是个人自主选择的结果。唯有如此，才能使人力资本的配置达到最优，既能实现经济主体的效益最大化，又能实现社会福利的最大化。因此，打破劳动力市场的种种分割，构建完善的劳动力市场，是破解技工长期短缺难题的基本制度保障。

总之，技工短缺是一个长期形成的极其复杂的社会经济现象，并不是单一环节出现了障碍，而是一个社会系统性问题，在技工的供给链中，哪一个环节出现了问题，都会带来一系列连锁反应。遗憾的是，虽然政府提出了一些解决技工短缺问题的政策措施，但这些政策"处方"效果甚微，无法直达技工短缺的"病灶"。对某一经济现象进行理论分析的主要目的之一就是为政府政策的制定提供理论依据，本书的研究结论如能为政府解决技工短缺问题的政策设计提供些许理论参考，那本书研究的实践价值就实现了。

附录1 调查问卷

1. 学生性别（　），年龄（　）。

2. 你希望自己将来的学历是（　）。

A. 初中毕业　　B. 高中或中专毕业　　C. 大专或本科　　D. 本科以上

3. 你上学是为了（　）。

A. 考大学　　　　　　　　B. 学到本领

C. 找一个好工作　　　　　D. 父母让读的

4. 与普通大学相比，你愿意上职业院校学技术吗？（　）

A. 不愿意　　　　　　　　B. 愿意

C. 自己说了不算，由父母决定　　D. 和家长商量决定

5. 在你选择是考普通大学还是接受职业教育时，是否在意别人的看法？（　）

A. 不在意　　　　　　　　B. 很在意

C. 无所谓　　　　　　　　D. 没考虑过

6. 如果你面临中考或者高考，你会选择（　）。

A. 接受职业教育，以一技之长立足社会　　B. 自谋职业，开始挣钱

C. 上高中，考大学　　　　　　　　　　　D. 拿不准

7. 你不选择职业教育的根本原因是（　）。

A. 职业教育专业设置与社会脱节，毕业找不到好工作

B. 接受职业教育会让人看不起

C. 还是考大学有好出路

D. 接受职业教育成本较高

E. 职业教育的就业都是社会地位较低的工作

8. 你心目中的职业教育是（　　）。

A. 培养技术工人的地方

B. 在升学竞争中被淘汰学生的最后落脚处

C. 培养一技之长，能够在社会上取得良好社会地位和收入的地方

D. 就业有保障的地方

E. 不得已才会进入学习的地方

9. 你认为职业技能和素养的教育应从什么阶段开始？（　　）

A. 小学　　　　　　　　　B. 初中

C. 高中　　　　　　　　　D. 大学

10. 你觉得什么样的人群最迫切需要接受职业技能教育？（　　）

A. 在职工人　　　　　　　B. 下岗失业人员

C. 农民工　　　　　　　　D. 在校大学生

E. 在校中学生

第二部分（家长填写）

1. 父亲职业（　　），母亲职业（　　），家庭子女数（　　）个，家庭年收入（　　）元。

2. 父亲的受教育程度（　　）。

A. 小学　　　　　　　　　B. 初中

C. 高中或中专　　　　　　D. 大专

E. 大学本科及以上

3. 母亲的受教育程度（　　）。

A. 小学　　　　　　　　　B. 初中

C. 高中或中专　　　　　　D. 大专

E. 大学本科及以上

4. 您让子女接受教育的动机是（　　）。

A. 尽父母的义务　　　　　B. 孩子自己想上学

C. 为了孩子将来能立足社会　D. 子女毕业后可以为家里带来更多收入

E. 子女学问高可以光宗耀祖

5. 您认为孩子考上大学后最大的受益者是（　　）。

A. 学校　　　　　　　　　　B. 教师

C. 学生家长　　　　　　　　D. 学生自己

E. 社会

6. 您的孩子如果学习不好，考大学无望，您是否愿意继续供他读书？（　　）。

A. 不愿意，读了也没用　　　B. 愿意供，复读考大学

C. 愿意供，上技校

7. 在进行家庭教育投入时，你是否考虑教育投入的收益？（　　）

A. 认真考虑过　　　　　　　B. 考虑过

C. 根本没有考虑

8. 您孩子所在学校一年缴纳的费用大概有（　　）元。

9. 为子女所支付的教育费用主要依靠（　　）。

A. 自己的收入和储蓄　　　　B. 自己的收入、储蓄和亲友的支持

C. 贷款　　　　　　　　　　D. 其他途径

10. 你认为家庭对子女教育的花费（　　）。

A. 很多，占收入的大部分　　B. 不多，占收入的小部分

C. 感觉适中

11. 如您的孩子面临中考或者高考，您会让孩子选择（　　）。

A. 接受职业教育　　　　　　B. 考不上就自谋职业，开始挣钱

C. 上高中，考大学

12. 如果您的孩子没能考上好的学校或者大学，您认为他的去向是（　　）

A. 花钱去上好学校　　　　　B. 上职业技术学校，去学技术

C. 上差一点的学校　　　　　D. 打工

E. 继续考大学

13. 您觉得孩子上职业技术学校读书如何？（　　）

A. 不好，毕业也没工作　　　B. 没用，考大学才有用

C. 花钱多，不如务农或打工　D. 可以，接受职业教育能学到一技之长

14. 您心目中的职业教育是（　　）。

A. 培养技术工人和服务人员的地方

B. 在升学竞争中被淘汰学生的最后落脚处

C. 培养一技之长，能够在社会上取得良好社会地位和收入的地方

D. 就业有保障的地方

E. 不得已才会进入学习的地方

15. 您不支持自己孩子选择职业教育的根本原因是（　　）。

A. 职业教育专业设置与市场脱节，即使毕业也找不到好工作

B. 接受职业教育会让人家看不起

C. 还是考大学有好出路

D. 接受职业教育成本较高

E. 职业教育出来的就业都是社会地位较低的工作

16. 您认为目前我国职业院校毕业生在就业时处于（　　）。

A. 就业竞争的领先地位　　　　B. 竞争力一般

C. 遭受就业歧视，用人单位在招聘时设置学历门槛

17. 您认为职业技能教育应从什么阶段开始？（　　）

A. 小学　　　　　　　　　　　B. 初中

C. 高中　　　　　　　　　　　D. 大学

18. 您认为什么样的人群最需要接受职业技能教育？（　　）

A. 在职工人　　　　　　　　　B. 下岗失业人员

C. 农民工　　　　　　　　　　D. 在校大学生

E. 在校中学生

南京大学"农村家庭教育投资与职业教育"问卷调查
第一部分（学生填写）

1. 学生性别（　　），年龄（　　）。

2. 你希望自己将来的学历是（　　）。

A. 初中毕业　　　　　　　　　B. 高中或中专毕业

C. 大专或本科　　　　　　　　D. 本科以上

3. 你上学是为了（　　）。

A. 考大学　　　　　　　　　　B. 学到本领

C. 找一个好工作　　　　　　　D. 父母让读的

4. 与普通大学相比，你愿意上职业院校学技术吗？（　　）

A. 不愿意　　　　　　　　　　B. 愿意

C. 自己说了不算，由父母决定　D. 和家长商量决定

5. 在你选择是考普通大学还是接受职业教育时，是否在意别人的看法？（ ）

    A. 不在意   B. 很在意

    C. 无所谓   D. 没考虑过

6. 如果你面临中考或者高考，你会选择 （ ）。

    A. 接受职业教育，以一技之长立足社会   B. 自谋职业，开始挣钱

    C. 上高中，考大学   D. 拿不准

7. 你不选择职业教育的根本原因是 （ ）。

    A. 职业教育专业设置与社会脱节，毕业找不到好工作

    B. 接受职业教育会让人家看不起

    C. 还是考大学有好出路

    D. 接受职业教育成本较高

    E. 职业教育出来的就业都是社会地位较低的工作

8. 你心目中的职业教育是 （ ）。

    A. 培养技术工人的地方

    B. 在升学竞争中被淘汰学生的最后落脚处

    C. 培养一技之长，能够在社会上取得良好社会地位和收入的地方

    D. 就业有保障的地方

    E. 不得已才会进入学习的地方

9. 您认为职业技能和素养的教育应从什么阶段开始？（ ）

    A. 小学   B. 初中

    C. 高中   D. 大学

10. 你认为什么样的人群最迫切需要接受职业技能教育？（ ）

    A. 在职工人   B. 下岗失业人员

    C. 农民工   D. 在校大学生

    E. 在校中学生

第二部分（家长填写）

1. 父亲职业（ ），母亲职业（ ），子女数（ ）个，家庭年收入（ ）元。

  2. 父亲的受教育程度是 （ ）

A. 不识字　　　　　　　　　　B. 小学

C. 初中　　　　　　　　　　　D. 高中或中专

E. 大专及以上

3. 母亲的受教育程度是（　　）

A. 不识字　　　　　　　　　　B. 小学

C. 初中　　　　　　　　　　　D. 高中或中专

E. 大专及以上

4. 您让子女接受教育的动机是（　　）。

A. 尽父母的义务　　　　　　　B. 孩子自己想上学

C. 为了孩子将来能立足社会　　D. 子女毕业后可以为家里带来更多收入

E. 子女学问高可以光宗耀祖

5. 您认为孩子考上大学后最大的受益者是（　　）。

A. 学校　　　　　　　　　　　B. 教师

C. 学生家长　　　　　　　　　D. 学生自己

E. 社会

6. 有人说让孩子种田比供子女上学合算，你认为这种说法（　　）。

A. 正确　　　　　　　　　　　B. 不正确

C. 无所谓

7. 如果您有一个男孩，一个女孩，只能供一个上学您更愿意供哪个上学（　　）。

A. 男孩　　　　　　　　　　　B. 女孩

C. 学习好的　　　　　　　　　D. 抓阄决定

8. 您的孩子如果学习不好，考学无望，您是否愿意继续供他读书？（　　）。

A. 不愿意，读了也没用　　　　B. 愿意供，复读考大学

C. 愿意供，上技校

9. 您孩子所在学校一年交纳的费用大概有（　　）元。

10. 为子女所支付的教育费用主要依靠（　　）。

A. 自己的收入和储蓄　　　　　B. 自己的收入、储蓄和亲友的支持

C. 贷款　　　　　　　　　　　D. 其他

11. 你认为家庭对教育的花费（　　）。

A. 很多，占收入的大部分

B. 不多，占收入的小部分　C. 适中

12. 如您的孩子面临中考或者高考，您会让孩子选择（　）。

A. 接受职业教育　　　　　B. 自谋职业，开始挣钱

C. 上高中，考大学

13. 如果您的孩子没能考上好的学校或者大学，您认为他的去向是（　）。

A. 花钱去上好学校　　　　B. 上职业技术学校，去学技术

C. 上差一点的学校　　　　D. 务农

E. 进城打工　　　　　　　F. 继续考大学

14. 您觉得孩子上职业技术学校读书如何？（　）

A. 不好，毕业也没工作　　B. 没用，考大学才有用

C. 花钱多，不如务农或打工　D. 可以，接受职业教育能学到一技之长

15. 您心目中的职业教育是（　）。

A. 培养技术工人和服务人员的地方

B. 在升学竞争中被淘汰学生的最后落脚处

C. 培养一技之长，能够在社会上取得良好社会地位和收入的地方

D. 就业有保障的地方

E. 不得已才会进入学习的地方

16. 您不支持自己孩子选择职业教育的根本原因是（　）。

A. 职业教育专业设置与市场脱节，即使毕业也找不到好工作

B. 接受职业教育会让人家看不起，还是考大学有好出路

C. 接受职业教育成本较高

D. 职业教育出来的就业都是社会地位较低的工作

17. 您认为目前我国职业院校毕业生在就业时处于（　）。

A. 就业竞争的领先地位

B. 竞争力一般

C. 遭受就业歧视，用人单位在招聘时设置学历门槛

18. 您认为职业技能教育应从什么阶段开始？（　）

A. 小学　　　　　　　　　B. 初中

C. 高中　　　　　　　　　D. 大学

19. 您认为什么样的人群最需要接受职业技能教育？（　）

A. 在职工人　　　　　　　B. 下岗失业人员

C. 农民工　　　　　　　　D. 在校大学生

E. 在校中学生

20. 您的家人或亲戚有没有在外打工的？有没有技术？文化程度如何？（　）

A. 有，有技术，文化高　　B. 有，没有技术，文化低

C. 有，有技术，文化低　　D. 没有

南京大学"职业教育与技工短缺研究"问卷调查

1. 学生性别（　），年龄（　），家庭年收入（　）元。

2. 父亲职业（　），受教育程度（　）。

　母亲职业（　），受教育程度（　）。

3. 你选择职业院校的初衷是（　）。

A. 主动选择的，因为接受职业教育能学到一技之长，一样能成为社会有用之才

B. 没考上大学，只好选择职业院校

C. 无所谓，没想那么多

D. 听从父母的安排

4. 你选择职业院校是否在意别人的看法？（　）

A. 不在意　　　　　　　　B. 很在意

C. 无所谓　　　　　　　　D. 没考虑过

5. 进入职业学校后，你对待学习的态度是（　）。

A. 认真学习为成为高级技术人才打基础　　B. 拿个文凭而已

C. 无所谓

6. 你在校学习一月的花费是（　）。

A. 500 元以下　　　　　　B. 500—1000 元

C. 1000—1500 元　　　　　D. 1500 元以上

7. 你所在学校的办学条件和师资如何？（　）

A. 很好　　　　　　　　　B. 较好

C. 一般　　　　　　　　　D. 较差

8. 你认为学校的专业设置如何，你所学专业就业前景怎样？（　）

A. 较好　　　　　　　　　B. 一般

C. 较差　　　　　　　　　D. 不清楚

9. 你认为现在的职业学校能培养出社会需要的高素质技工吗？（　　）。

A. 能　　　　　　　　　　B. 不能

C. 说不准

10. 你是否了解职业教育的助学、就业等政策？（　　）

A. 很了解　　　　　　　　B. 了解一些

C. 不知道

11. 你认为目前我国职业院校毕业生在就业时处于（　　）。

A. 处于就业竞争的领先地位

B. 竞争力一般

C. 遭受就业歧视，用人单位在招聘时设置学历门槛

12. 你心目中的职业教育是（　　）。

A. 培养技术工人的地方

B. 在升学竞争中被淘汰学生的最后落脚处

C. 培养一技之长，能够在社会上取得良好社会地位和收入的地方

D. 就业有保障的地方

E. 不得已才会进入学习的地方

13. 你觉得什么人群最需要接受职业技能教育？（　　）

A. 在职工人　　　　　　　B. 下岗失业人员

C. 农民工　　　　　　　　D. 在校大学生

E. 在校中学生

14. 你对技工这一职业是否了解，是否知道技工短缺现象？（　　）

A. 了解　　　　　　　　　B. 了解一点

C. 不了解

15. 你觉得现在技工的社会地位和收入如何？（　　）

A. 好　　　　　　　　　　B. 一般

C. 较低　　　　　　　　　D. 不清楚

16. 毕业以后，你的职业规划是（　　）。

A. 高级白领　　　　　　　B. 高级蓝领

C. 普通技术工人　　　　　D. 其他

附录 2　职业教育访谈记录

2009 年 4—5 月，笔者走访了山东省济南市的山东旅游职业学院、淄博市中等职业教育中心和淄博职业学院，就目前职业教育发展中的一些问题，与这些学校的相关领导进行了交谈，现将访谈的主要内容整理成以下几个问题。

一　职业教育的招生情况

概括起来讲，高职院校比中职学校的招生情况要好，非技工类学校比技工类学校的招生情况要好，热门专业学校比冷门专业学校招生情况要好。虽然受传统观念的影响，一些家长不愿意让子女选择职业教育，但这主要是对技工类职业学校的影响，而对像艺术、体育、美术、旅游等专业和学校几乎没有什么影响，例如，山东旅游职业学院的招生就非常好，生源充足、学生素质较高。

调查中有的学生对国家的相关政策，例如困难学生的资助政策等了解不多，从 2009 年秋季学期中等职业教育的涉农类专业才开始免费入学，这不能很好地解决中等职业学校招生难的问题，一是因为涉农专业所占比例较小，而且学生本来也不愿意就读；二是因为中等职业学校，特别是技工类学校的学生大多来自低收入家庭，如果收取较高的学费，就直接影响这类家庭选择技工类专业学校的积极性；三是因为虽然近来技工工资有所上升，但总体上看，其工资收入相对较低；四是因为技工的工作较为艰苦、工作环境较差、身份和社会地位不高。

二　职业教育的财政投入、办学条件问题

投入不足是长期困扰职业教育发展的最重要的因素，地方政府财政对教育的投入主要在义务教育方面，用于职业教育的投入明显不足。尤其是有的技工学校，教职工的基本工资都难以保证，学校只得将大部分学费用于工资支出，少部分学费用于改善办学条件以及实习实训基地建设投入。

近几年普通高校扩招，有些职业学校为了抢夺生源，擅自降低收费标准；再者，职业院校学生的主体是农村学生和城镇家庭贫困学生，经常拖欠学费，学校入不敷出的情况时有发生。随之而来的问题是师资力量不足，基础设施和实习实训条件无法满足实践教学的要求，培养学生动手能力和实践技能的目标无法达到。总体来看，热门学校和专业的情况要好得多，例如山东旅游职业学院就具有非常充足的办学经费和良好的基础设施以及山东省最好的实习实训基地。

三　校企合作问题

校企结合、订单培养是近些年来较为流行的技能人才培养模式。但这种模式由于教育、劳动保障与人事部门之间缺乏有效沟通、协调和配合，使得职业教育的人才培养与就业出现了分离的状况，校企合作和订单培养并未达到理想的效果。由于职业学校的师资差，学生的基础较差，再者企业因担心学生不会留下，也就不可能尽力而为，所以学校的基础理论优势与企业的技能优势就不能很好地结合。能否探索另外的合作途径，是值得思考的一个问题，例如访谈中有的学校负责人提到，校企合作是横向合作，能否进行纵向合作或立体式合作；再者校企合作能否有更进一步的发展，关于这一点，笔者认为就是校企的纵向一体化，由综合实力强的企业来办技工学校也许是一个效果更好的模式，西方发达国家有许多大型企业就有自己的专业培训学校。

四　职业教育管理体制对职业教育的影响

职业教育的管理体制直接影响了职业教育的发展。以中职教育为例，大部分职业学校是在计划经济体制时期兴办起来的，条块分割、职能交叉、重复建设、封闭办学等问题较为突出，在管理体制方面，缺乏一个统一协调的管理机制，职业学校分属教育、农业、卫生、劳动等行业部门领导；在证书发放上各自为政，教育局发学历证书，人社局发职业资格证书，不同行业又有自己的执业证书，造成了学生的重复考试。

五　目前我国职业教育发展面临的最大问题是什么？

在我国要建立和完善具有中国特色的现代职业教育体系，还需要一个比较长期的过程。政府不重视、多头管理和经费紧张是目前影响职业教育健康发展的主要问题，其中如何构建一个独立、统一的职业教育管理体制是职业教育发展的最大问题。

参 考 文 献

1. 贝克尔：《人类行为的经济分析》，上海人民出版社 2002 年版。

2. 贝克尔：《家庭论》，商务印书馆 2005 年版。

3. 贝克尔：《人力资本》，北京大学出版社 1987 年版。

4. 博尔顿：《合同论》，上海人民出版社 2008 年版。

5. 阿吉翁、霍依特：《内生增长理论》，北京大学出版社 2004 年版。

6. 阿马蒂亚·森：《以自由看待发展》，人民大学出版社 2002 年版。

7. 舒尔茨：《论人力资本投资》，北京经济学院出版社 1990 年版。

8. 舒尔茨：《改造传统农业》，商务印书馆 2003 年版。

9. 王苏生：《微观经济学理论》，中国人民大学出版社 2006 年版。

10. 刘志彪：《经济结构优化论》，人民出版社 2003 年版。

11. 沈坤荣：《新增长理论与中国经济增长》，南京大学出版社 2003 年版。

12. 平新乔：《微观经济学十八讲》，北京大学出版社 2001 年版。

13. 巴泽尔：《产权的经济分析》，上海人民出版社 1997 年版。

14. 谢林：《微观动机与宏观行为》，人民大学出版社 2005 年版。

15. 伊兰伯格、史密斯：《现代劳动经济学》，人民大学出版社 1999 年版。

16. 谢识予：《经济博弈论》，复旦大学出版社 2002 年版。

17. 鲍尔斯：《微观经济学：行为，制度和演化》，人民大学出版社 2006 年版。

18. 刘易斯：《二元经济论》，北京经济学院出版社 1989 年版。

19. 余文华：《人力资本投资研究》，四川大学出版社 2002 年版。

20. 孙士海、宋华明：《"技工荒"视角下的职业教育供求分析》，《教育与职业》2008 年第 5 期。

21. 何野：《"就业难"与"技工荒"并存现象的分析》，《辽宁工程技术大学学报》（社会科学版）2007 年第 1 期。

22. 刘根荣：《"民工荒"的成因及其治理：一个微观经济学的分析框架》，《人口研究》2006 年第 11 期。

23. 王海景、袁军宝：《"民工荒"的经济学分析》，《甘肃社会科学》2007 年第 3 期。

24. 蔡昉、王美艳：《"民工荒"现象的经济学分析——珠江三角洲调查研究》，《广东社会科学》2005 年第 2 期。

25. 张原：《"民工荒"与"技工荒"并存的理论解释及证据》，《财经研究》2008 年第 4 期。

26. 汪志球：《大学生上技校教育了谁》，《人民日报》2006 年 9 月 5 日。

27. 潘建中：《当前我国企业技工短缺的经济学原因及其对策》，《江西农业大学学报》（社会科学版）2006 年第 6 期。

28. 王明进：《个人教育投资风险的计量分析》，《北京大学教育评论》2007 年第 4 期。

29. 罗永泰：《技术工人短缺与技能人才激励机制设计》，《经济经纬》2005 年第 6 期。

30. 赖德胜：《教育、劳动力市场与收入分配》，《经济研究》1998 年第 5 期。

31. 包小忠：《刘易斯模型与"民工荒"》，《经济学家》2005 年第 4 期。

32. 章铮：《论劳动密集型制造业的就业效应》，《中国工业经济》2005 年第 7 期。

33. 章铮：《民工供给量的统计分析——兼论"民工荒"》，《中国农村经济》2005 年第 1 期。

34. 陈宝国：《民工荒的进化博弈解读》，《河海大学学报》（哲学社会科学版）2007 年第 12 期。

35. 张兴华：《农民工市场失灵及其矫正》，《经济与管理》2006 年第 11 期。

36. 李晓春：《农民工输出地"民工荒"成因的经济学分析》，《南京大学学报》（社科版）2006 年第 4 期。

37.《破解"技工荒"职业教育任重道远——来自咸宁市职业教育的调查》，《中国劳动保障报》2008 年 5 月 9 日。

38. 肖化移：《试论职业教育发展的市场失灵与政府调节》，《职教论坛》2006 年第 6 期。

39. 王荣明：《我国高技能人才的短缺及其对策》，《安徽工业大学学报》（社会科学版）2004 年第 1 期。

40. 惠婷：《职业教育：招生难与就业易的尴尬》，《河南日报》2008 年 10 月 27 日。

41. 刘林平等：《制度短缺与劳工短缺——"民工荒"问题研究》，《中国工业经济》2006 年第 8 期。

42. 李实、丁赛：《中国城镇教育收益率的长期变动趋势》，《中国社会科学》2003 年第 6 期。

43. 杭永宝：《中国教育对经济增长贡献率分类测算及其相关分析》，《教育研究》2007 年第 2 期。

44. 骆品亮、司春林：《专用性人力资本投资激励研究》，《管理科学学报》2001 年第 4 期。

45. 叶奇、刘卫东：《转型期我国地方劳动力市场管制研究——以"技工荒"现象研究为例》，《中国人力资源开发》2008 年第 5 期。

46. 刘玉斌：《高技能人才隐性人力资本形成与转化研究》，天津财经大学，2008 年。

47. 贺尊：《教育信号的经济解析——兼及中国大学生就业市场》，华中科技大学，2006 年。

48. 邝小文：《中国产业结构升级中的人力资本研究》，中共中央党校，2007 年。

49. 彭竞：《高级技工短缺、人力资本专用性与技能培训策略研究》，东北财经大学，2007 年。

50. 胡永远：《替代效应下的个人人力资本投资研究》，厦门大学，2001 年。

51. 杭永宝：《职业教育的经济发展贡献和成本收益问题研究》，南京农业大学，2006 年。

52. 孙玫璐：《职业教育制度分析》，华东师范大学，2008 年。

53. 姚先国、翁杰：《雇用关系的稳定性和企业的人力资本投资》，《技术经济》2005 年第 12 期。

54. 林毅夫、潘士远：《信息不对称、逆向选择与经济发展》，《世界经济》2006 年第 1 期。

55. 王文军：《信息不对称、逆向选择与环保产业发展》，《生产力研究》2008 年第 20 期。

56. 周黎安：《我国地方官员的晋升锦标赛模式研究》，《经济研究》2007 年第 7 期。

57. 王永钦、丁菊红：《公共部门内部的激励机制：一个文献评述》，《世界经济文汇》2007 年第 1 期。

58. 科斯、哈特等：《契约经济学》，经济科学出版社 1999 年版。

59. 廖泉文：《我国劳动力市场的理论与实践》，山东人民出版社 2000 年版。

60. 马振华：《我国技能型人力资本的形成与积累》，中国物资出版社 2009 年版。

61. 卡赫克、齐尔贝尔博格：《劳动经济学》，上海财经大学出版社 2007 年版。

62. 何刚：《人力资本投资成本》，合肥工业大学出版社 2008 年版。

63. 王建民：《人力资本生产制度研究》，经济科学出版社 2001 年版。

64. 李忠民：《人力资本：一个理论框架及其对中国一些问题的解释》，经济科学出版社 1999 年版。

65. 桑普斯福特、桑纳托斯：《劳动经济学前沿问题》，中国税务出版社 2000 年版。

66. 侯风云：《中国人力资本形成及现状》，经济科学出版社 1999 年版。

67. 张凤林：《人力资本理论及其应用研究》，商务印书馆 2006 年版。

68. 斯密德：《制度与行为经济学》，中国人民大学出版社 2009 年版。

69. 陈鸣、朱自锋：《中国教育经费论纲》，中央编译出版社 2008 年版。

70. 科恩、盖斯克：《教育经济学》，上海人民出版社 2009 年版。

71. 魏国、刘东：《工业化进程中技工不足问题研究》，《内蒙古社会科学》2010 年第 1 期。

72. 姚先国、翁杰：《企业对员工的人力资本投资研究》，《中国工业经济》2005 年第 2 期。

73. 李旻、赵连阁等：《农村地区家庭教育投资的影响因素分析》，《农业技术经济》2006 年第 5 期。

74. 刘东：《微观经济学新论》，南京大学出版社 2007 年版。

75. 张金麟：《个人（家庭）人力资本投资的均衡分析》，《经济问题探索》2001 年第 9 期。

76. 熊云飚：《个人人力资本投资决策分析》，《经济问题探索》2002 年第 7 期。

77. 何东琪：《人力资本生成机理：一个数学描述模型的理论思考》，《当代经济科学》2004 年第 7 期。

78. 李汉通：《个人人力资本投资决策行为分析模型》，《系统工程》2006 年第 8 期。

79. 张文剑、陈复华、陈建平：《关于教育消费的实证研究》，《教育与经济》2000 年第 3 期。

80. 谢文昕、周亚：《人力资本投资失衡的进化博弈分析》，《北京师范大学学报》（自然科学版）2007 年第 4 期。

81. 刘相勇、高强：《中国居民高等教育投资决策分析》，《重庆工商大学学报》（社会科学版）2004 年第 2 期。

82. 姬雄华：《农村居民家庭人力资本投资型消费研究》，西北农林科技大学，2007 年。

83. 唐代盛：《人力资本风险投资的理论框架及决策条件研究》，西南财经大学，2005 年。

84. 王为一：《人力资本投资的收益分享问题研究》，华中科技大学，2004 年。

85. 邹融冰：《加大政府中等职业教育投资的经济学分析》，山东大学，2005 年。

86. 冯青来：《文化与教育——教育理念的文化哲学沉思》，华中师范大学，2007 年。

87. 谷宏伟：《高等教育扩张与教育投资过度：基于信号理论的视角》，《财经问题研究》2009 年第 9 期。

88. 洪恺、李克强：《家庭教育投资的动机与行为分析》，《北京师范大学学报》（自然科学版）2008 年第 10 期。

89. 蔡承彬：《教育型人力资本发展失衡研究》，厦门大学，2007 年。

90. 张辉：《我国居民家庭子女教育投资动机的经济学分析》，《经济经纬》2007 年第 2 期。

91. 殷红霞：《我国农村家庭教育投资行为研究》，西北农林科技大学，2007 年。

92. 卢丹萍：《中等职业教育家庭人力资本投资的成本收益分析》，天津大学，2007 年。

93. 李霞：《我国教育投资中的政府行为研究》，西南财经大学，2002 年。

94. 杨伟国、代懋、王婧：《美国技能短缺治理及对中国的借鉴》，《中国人口科学》2008 年第 1 期。

95. 韦明、陈亚雯、于晶利：《我国劳动力市场技工短缺的制度分析》，《经济问题探索》2004 年第 11 期。

96. 于伟、张力跃：《我国农村职业教育发展的困境与对策》，《东北师大学学报》（哲学社会科学版）2006 年第 4 期。

97. 杨伟国、孙媛媛：《英国应对技能短缺的政策选择及其对中国的借鉴》，《中国人口科学》2006 年第 2 期。

98. 潘泰萍：《中国人力资本投资状况及其政策选择》，《中国劳动关系学院学报》2007 年第 4 期。

99. 李攀艺、蒲勇健：《基于博弈论的企业人力资本投资理论：一个文献综述》，《软科学》2007 年第 2 期。

100. 朱方伟、武春友：《基于人力资本理论的企业在职培训投资风险分析》，《科学学与科学技术管理》2004 年第 6 期。

101. 谢文昕、李嫣：《企业培训策略选择的博弈分析》，《经济经纬》2007 年第 1 期。

102. 汪丛梅：《企业员工特殊性在职培训的博弈分析》，《吉林大学学报》（信息科学版）2007 年第 5 期。

103. 夏冬、李垣：《所有权、市场竞争及人力资本专用性：一个模型的建立及扩展》，《管理工程学报》2004 年第 2 期。

104. 徐忠艳：《在职培训的风险防范及其相关的决策分析》，《技术经济与管理研究》2003 年第 4 期。

105. 王爱华：《企业人力资本投资风险研究》，华中科技大学，2005 年。

106. 龚文海：《人力资本产权制度变迁与制度创新：基于中国国有企业的研究》，西南财经大学，2007 年。

107. 张维迎：《博弈论与信息经济学》，上海人民出版社 2004 年版。

108. 诺思：《理解经济变迁过程》，中国人民大学出版社 2007 年版。

109. 汉密尔顿：《运用 STATA 作统计分析》，重庆大学出版社 2008 年版。

110. 伍德里奇：《计量经济学：现代观点》，中国人民大学出版社 2003 年版。

111. 诺思：《制度、制度变迁与经济绩效》，上海人民出版社 2008 年版。

112. 王群勇：《STATA 在统计与计量分析中的应用》，南开大学出版社 2007 年版。

113. Weir, S., and Knight, J., 2006, "Production Externalities of Education: Evidence from Rural Ethiopia". *Journal of African Economics* 16 (1): 134 – 165.

114. Wu, F. W. et al., 2008, "Unequal Education, Poverty and Low Growth—A Theoretical Framework for Rural Education of China". *Economics of Education Review* 27: 308 – 318.

115. Glauben, T. et al., 2008, "Labor Market Participation of Chinese Agricultural Households: Empirical Evidence from Zhejiang Province". *Food Policy* 33: 329 – 340.

116. Liu, Z. Q., 2008, "Human Capital Externalities and Rural – urban Migration: Evidence from Rural China". *China Economic Review* 19: 521 – 535.

117. Terry, S. et al., 2007, "The Urban – rural Income Gap and Inequality in China". *Review of Income and Wealth* 53 (1).

118. Mude, G. A. et al. , 2007, "Educational Investments in a Dual E-conomy". *Economica* 74: 351 – 369.

119. Lahiri, S. , and Self, S. , 2007, "Gender Bias in Education: the Role of Inter – household Externality, Dowry and other Social Institutions". *Review of Development Economics* 11 (4): 591 – 606.

120. Brauw, A. , and Rozelle, S. , 2008, "Reconciling the Returns to Education in Off – Farm Wage Employment in Rural China". *Review of Development Economics* 12 (1): 57 – 71.

121. Shi, X. P. et al. , 2007, "Choices between Different Off – farm Employment Sub – categories: An Empirical Analysis for Jiangxi Province, China". *China Economic Review* 18: 438 – 455.

122. Ma, X. H. , 2008, "How Large Is China's Rural Surplus Labor Force?". *China Economist* 5.

123. Arrow, K. J. , 1962, "The Economic Implication of Learning by Doing". *Review of Economic Studies* 29 (6): 155 – 173.

124. Arrow, K. J. , 1973, "Higher Education as a Filter". *Journal of Public Economics* 6: 193 – 216.

125. Barro, Robert J. , 1991, "Economic Growth in a Cross Section of Countries". *Quarterly Journal of Economics* 105 (5): 407 – 443.

126. Behrman, J. R. , and Birdcall, N. , 1983, "The Quality of Schooling: Quality Alone Is Misleading". *The American Economic Review* 12: 928 – 946.

127. Bowles, S. and Gintis, H. , 1975, "The Problem with Human Capital Theory – A Marxian Critique". *American Economic Review* 5: 74 – 82.

128. Braverman, H. , 1974, "Labor and Monopoly Capital: The Degradation of Work in the Twentieth Century", in Ganss, Douglass, A. , 1997, Dissertation.

129. Dickens, W. T. et al. , 1985, "A Test of Dual Labor Market". *The American Economic Review* 9: 792 – 805.

130. Fields, G. S. , 1974, "Private Demand for Education in Relation to Labor Market Conditions in Less – developed Countries". *The Economic Journal* 84 (336): 906 – 925.

131. Jones, C. I. 1999, "Growth: With or Without Scale Effects?". *A-merican Economic Review* 89 (5): 139 – 144.

132. Lucas, R. E. , 1988, "On the Mechanics of Economic Development". *Journal of Monetary Economics* 22: 3 – 42.

133. Nelson, R. R. , and Phelps, E. S. , 1966, "Investment in Humans, Technological Diffusion, and Economic Growth". *American Economic Review* 5: 69 – 75.

134. Schultz, T. W. , 1975, "The Value of the Ability to Deal With Disequilibria". *Journal of Economic Literature* 13: 872 – 876.

135. Spence, M. , 1973, "Job Market Signaling". *Quarterly Journal of Economics* 87 (8): 355 – 378.

136. Stiglitz, J. E. , 1975, "The Theory of 'Screening', Education, and the Distribution of Income". *The American Economic Review* 6: 283 – 300.

137. Yellen, 1984, "Efficiency Wage Models of Unemployment". *The A-merican Economic Review* 5: 200 – 205.

138. Young, Alwyn, 1998, "Growth Without Scale Effects". *Journal of Political Economy* 106 (1): 41 – 63.

139. Bai, Chong' en and, Wang Yi jiang, Uncertainty in Labor Productivity and Specific Human Capital Investment [J]. *Journal of Labor Economics*, 2003, 21 (3): 651 – 675.

140. Becker G. S. , Investment in Human Capital: A Theoretical Analysis [J]. *Journal of Political Economy*, 1962, 70 (5): 9 – 49.

141. Blair, Margaret M. , Firm – Specific Human Capital and Theories of the Firm [A]. Margaret M. Blair and Mark J. Roe, *Employees and Corporate Governance* [C]. Washington DC: Brookings Institution Press, 1999.

142. Blair, Margret M. , *Ownership and Control: Rethinking Corporate Governance for the Twenty – First Century* [M]. Washington DC: Brookings Institution Press, 1995.

143. Charmichael, H. L. , Firm – Specific Capital and Promotion Ladders [J]. *Bell Journal of Economics*, 1983, 14 (1): 251 – 258.

144. Gibbons, R. , Incentives in Organizations [J]. *Journal of Economic*

Perspectives, 1998, 12 (4) : 115 - 132.

145. Grossman, Sanford J. and Oliver D. Hart, The Cost and Benefits of Ownership: A Theory of Vertical and Lateral Integration [J] . *Journal of Political Economy*, 1986, 94 (4) : 691 - 719.

146. Hashimoto, M. and Ben T. Yu. , Specific Capital, Employment Contracts and Wage Rigidity [J] . *Bell Journal of Economics*, 1980, 11 (2) : 536 - 549.

147. Hashimoto, M. , Bonus Payments, On - the - Job Training, and Life - time Employment in Japan [J] . *Journal of Political Economy*, 1979, 87 (5): 1086 - 1104.

148. Hashimoto, M. , Firm - specific Human Capital as a Shared Investment [J] . *American Economic Review*, 1981, 71 (3) : 475 - 482.

149. Hashimoto, M. , Firm - specific Human Capital as a Shared Investment: Reply [J] . *American Economic Review*, 2001, 91 (1) : 348 - 349.

150. Hashimoto, M. , Wages Reduction, Unemployment, and Specific Human Capital [J] . *Economic Inquiry*, 1975, 13: 485 - 504.

151. Jovanovic, Boyan. , Firm Specific Capital and Turnover [J] . *Journal of Political Economy*, 1979, 87 (5) : 1246 - 1260.

152. Kahn, C. , and G. Huberman, Two - sided Uncertainty and Up - or - out Contracts [J] . *Journal of Labor Economics*, 1988, 6 (4): 423 - 444.

153. Klein, B. , R. Crawford and A. Alchian, Vertical Integration, Appropriable Rents, and the Competitive Contracting Process [J] . *Journal of Law and Economics*, 1978, 21 (2) : 297 - 326.

154. Leuven, E. and H. Oosterbeek, Firm - specific Human Capital as a Shared Investment: Comment [J] . *American Economic Review*, 2001, 91 (1): 342 - 347.

155. MacLeod, B. and J. Malcomson, Specific Investments and Wage Profiles in Labour Markets [J] . *European Economic Review*, 1993, 37: 343 - 354.

156. Malcomson, J. , Contracts, Hold - up, and Labor Markets [J] . *Journal of Economic Literature*, 1997, 26 (4) : 1916 - 1957.

157. Mortensen, D. T. , Special Capital and Labor Turnover [J] . *Bell Journal of Economics*, 1978, 9: 572 - 86.

158. Ohashi, I. , Wage Profiles, Layoffs and Specific Training [J] . *International Economic Review*, 1983, 24 (1) : 169 - 181.

159. Oi, Walter Y. , Labor as a Quasi - Fixed Factor [J] . *Journal of Political Economy*, 1962, 70 (6) : 538 - 555.

160. Parsons, Donald O. , Specific Human Capital: Application to Quit Rates and Layoff Rates [J] . *Journal of Political Economy*, 1972, 80 (6): 1120 - 1143.

161. Pencavel, J. H. , Wages, Specific Training and Labor Turnover in U. S. Manufacturing Industries [J] . *International Economics Review*, 1972, 13 (1): 53 - 64.

162. Prendergast, C. , Career Development and Specific Human Capital Collection [J] . *Journal of the Japanese and International Economies*, 1992, 6: 207 - 227.

163. Prendergast, C. , The Role of Promotion in Inducing Specific Human Capital Acquisition [J] . *Quarterly Journal of Economics*, 1993, 108 (2) : 523 - 534.

164. Scoones, David and Dan Bernhardt, Promotion, Turnover, and Discretionary Human Capital Acquisition [J] . *Journal of Labor Economics*, 1998, 16 (1): 122 - 141.

165. Suedekum, Jens and Peter Ruehmann. , Severance Payments and Firm - specific Human Capital [J] . *Labour*, 2003, 17 (1) : 47 - 62.

166. Akerlof, George, The Market for Lemons: Quality Uncertainty and the

Market Mechanism. *Quarterly Journal of Economics* 84, 1970, 488 - 500.

167. Spence, Michael. Job Market Signaling. Quarterly *Journal of Economics* 84, 1973, 355 - 374.

168. Rothchild, Stiglitz, Equilibrium in Competitive Insurance Market: An Essayon the Economics of Imperfect Information. *Quarterly Journal of Economics* 90, 1976, 629 - 649.

169. Stiglitz, Weiss. Credit Rationing in Market with Imperfect Information. *The American Economic Review* 71, 1981, 393 – 409.

170. Holmstrom, Bengt and Paul Milgrom, Multitask Principal – agent Analysis: Incentive Contracts, Asset Ownership and Job Design. *Journal of Law, Economics and Organization*, 1991, Vol. 7: 24 – 51.

后　记

　　本书杀青，书写后记，乃愉悦之事，吾竟无语凝噎，并非无话可说，而是不知如何表达五味杂陈之心情。硕士毕业，"博士情结"萦绕脑际。遥想2005之春，考人大被拒，遂自修西方经济学，2006年跨专业投考南大；基础"一穷二白"，未能如愿；来年再战，老天佑我，终遂吾愿。回首往事，甘苦自知；期间刘东老师之《微观经济学》、《微观经济学新论》与梁东黎老师之《宏观经济学》乃予经济学启蒙教材，受益良多，记忆犹新。

　　"经师易遇，人师难遭。"不惑之年读博，本乃上苍之恩赐，能为刘东老师之弟子更是福分。若称恩师"美女博导"、"慈母教授"，未尝不可，却非最佳；学生愚钝，才疏学浅，感激之情，文字难表。学业困惑，悉心指点；论文写作，把手相教；生活困境，耐心开导。春风化雨，润物无声；吾之学业，老师所就，师恩浩荡，永志不忘。唯励学敦行，方报答万一。

　　百年南大，地灵人杰，底蕴深厚，大师云集；学术氛围，润我身心。经济殿堂，博大精深，究研三年，仅得一毛。就学南大，聆听名师授课，领略大师讲演，精神之享受，心智之浸润，每每想起，仍在耳边。老师传道授业，学生心存感激：衷心感谢洪银兴教授、刘志彪教授、范从来教授、沈坤荣教授、梁东黎教授、郑江淮教授、安同良教授、葛扬教授、高波教授、杨德才教授、尚长风教授、李晓春教授的授业之恩；感谢孙宁华老师、史先诚老师、吴福象老师、赵华老师的指教和帮助。

　　张三峰博士、王非博士、戴蕾博士、贾愚博士、李影博士、郭新茹博士、李猛博士、张虎博士、蒋兰陵博士、牟丽博士、周绍东博士、吕民乐博士、高彦彦博士、程瑶博士、卜茂亮博士、梁君博士——聪颖智慧，德才兼备；青年才俊，国之栋梁；与其同学，三生有幸；共同研究，相互切磋；同甘共苦，三年时光；情谊海深，永存永长。师兄张良悦博士、王晓通博士、张旭东博士，师姐王屹亭博士；师弟张益丰博士、千慧雄博士，师妹郭金秀博士，热情关心，无私帮助，使我享受友情之美好。

养儿方知父母恩。余少时家境贫寒，父母供读，实为辛苦；养育之恩，没齿难忘；反哺之情，时时谨记。岳母年迈，帮衬家务，劳心劳力，功不可没。孝心常温，不可怠慢。

爱人春珍，贤妻良母；知书达理，慧质兰心；辛勤持家，相夫教子；来宁读博，全心扶持；吾之事业，妻之所成；再接再厉，以慰妻心；共营家庭，以享天伦；执子之手，与汝偕老。

爱子魏嵩，十岁又三，阳光少年，文质彬彬，品学兼优，甚慰我心；儿之幸福笑脸，乃我研读之源。

经济之学，气象万千；约束之下，求其最大。毕业在即，感慨颇多；有限努力，有限成功。学路漫漫，上下求索；淡泊明志，宁静致远。穷则独善其身，达则兼济天下。兴之所至，赋诗一首，以抒胸臆，聊作纪念。

　　　　经世方知自身微，
　　　　济民向善性之本；
　　　　为师甘当学子梯，
　　　　国运昌盛乃吾期。

是为后记。
谨以此文献给所有关心、爱护、帮助我的人们！

　　　　　　　　　　　　　　　　　　　　魏　国
　　　　　　　　　　　　　　　　2010 年 5 月书于南京大学